科学超入门

电

法拉第博士,电是什么?

[韩] 孙祯佑 著
[韩] 可乐梦 绘
陈琳 胡利强 许明月 译

化学工业出版社
·北京·

1

| 前 | 言 |

　　小朋友们，你们喜欢科学吗？喜欢哪个科学领域呢？

　　可能有人对动植物感兴趣，有人对宇宙、星座充满好奇。但是，有没有喜欢电的呢？

　　喜欢电的小朋友恐怕不多。电是看不见、摸不着的东西，一听就让人觉得很深奥。但事实上，我们每天都在用电。打开开关，电灯就会亮，电脑的使用也要用到电。即使在学校里没有学过关于电的课程，我们在日常生活中也能很轻松地使用电。

　　这本书讲述了关于电的故事，背景是未来世界，主人公是名叫贤洙、敏姬的小学生，他们在法拉第博士的指导下学习有关电的知识。

　　像你们一样，贤洙也不喜欢电，觉得很难，更想不通自己为什么要学习电的知识。所以一开始，他对和法拉第博士一起学习充满抵触情绪。他想：教我怎么制作电路不就行了吗，为什么还要学电流、电压、电子

这些复杂的内容呢？但是渐渐地，他了解了电的原理，对电产生了兴趣。他发现，在复杂的电现象中，蕴含着的原理其实是很简单的。

电并不仅仅是打开电脑、电视所必需的，每个人的心脏不停地跳动，也是因为电的缘故。人体内的神经系统产生电流，传送到心脏，从而引起心肌细胞的收缩和舒张，发出持续的心跳。除此以外，自然界中的许多现象都是电引起的。

在本书中，敏姬、贤洙和法拉第博士一起学习了电的原理。看完这本书，你一定会对电更加好奇，想知道关于电的更多奥秘。有了兴趣，你就会做一些关于电的实验，阅读电的书籍。我写书的目的，也就是为了让大家对电产生兴趣，正确理解生活中的电现象，更好地使用电。现在，就让我们一起进入神奇的电的世界吧！

目录

第 1 章 噼里啪啦——电，快出来吧！ 7

电好难，我讨厌电！ 8
构成世界的粒子，动起来吧！ 20
使劲摩擦，电，你快来！ 28
流动吧，电！ 34

第 2 章 叮叮当当——制作电路 43

电流呀，流动起来吧！电压呀，出来吧！ 44
力量的源泉：干电池 56
你照亮了世界！——电灯 70
太热了！——电阻 80
构建电世界的好帮手——电线 89

第3章 弯弯曲曲，电走过的路 95

关门吧，芝麻！流动吧，电！ 96
电路一目了然——电路图 101
电流、电压、电阻之间的特别关系——欧姆定律 108
灯泡的连接 114
大电路——布线 126

后记：电构成的世界 140

第1章
噼里啪啦——电,快出来吧!

- 姓名:崔贤洙
- 喜欢的事物:数码相机、工学博士、幻想……还有敏姬
- 讨厌的事物:洋葱、菠菜、电路……还有折磨我的法拉第博士
- 最喜欢的事物:对我的异想天开报以称赞的法拉第博士
- 最讨厌的事物:没有电的世界

公元 2022 年 5 月 2 日，星期一

电好难，
我讨厌电！

"哎呀！灯泡怎么就是不亮呢？"

今天在学校学习了电路，贤洙正在家里的电脑上做模拟电路实验。

实验进行得并不顺利，他忍不住发起火来。

贤洙所在的学校叫做"20世纪学校"，每班有一位老师、15名学生，通过实验的方式学习科学原理。上这所学校的孩子并不多，其他大部分孩子上的都是"超级电脑学校"，授课方式是学生和超级电脑进行一对一的对话。"超级电脑学校"学的并不是科学原理，而是尖端机械的使用方法。

贤洙的父母希望贤洙接受传统教育，成为优秀的科学家，所以把他送进了"20世纪学校"。但到目前为止，贤洙还没有喜欢上自己的学校。

"爸爸为什么让我上这所学校呢？'超级电脑学校'的学生们根本就不用学习这些叫人头疼的课程。"

同桌敏姬安慰他："贤洙，你别生气，从头再来一遍吧！"

敏姬点击了一下电脑屏幕上的"重新开始"按钮，并把灯泡、干电池、开关、电线等都整理了一遍。贤洙重新进行连接，但灯泡还是不亮。

敏姬在一旁注视着他的连接过程，发现他把两个干电池的正负极接反了。重新装上电池后，灯泡马上就亮了。

"哎呀！这么简单的问题，我怎么就没注意到？"贤洙为自己的粗心大意懊恼不已。

"敏姬，你说我们为什么要学习电的知识呢？"

"是啊，太难了，看不见，也摸不着，学起来真吃力。"

"要是有人好好跟我们解释解释就好了。"

"跟电有关的科学家都有谁呢？爱迪生、贝尔、伏特、富兰克林……"

这些大名鼎鼎的科学家都是电脑上名为"Total Science"的科学百科词典程序中出现的全息图像助手。全息图像助手自带人工智能，可以与电脑使用者进行对话，性格、说话的语气等也与真实人物一模一样，不过它是图像，不具备实体，无法触摸。

"贤洙,我们是孩子,需要一个能让我们听得懂的老师。"

"能够把复杂的科学问题讲解得通俗易懂的科学家……有了,法拉第博士!"

"对,法拉第博士!贤洙,你快在全息图像搜索引擎上输入他的名字吧!"

贤洙在"Total Science"的全息图像搜索引擎上输入"法拉第"几个字,安装在电脑上的照相机立刻启动,法拉第博士的形象出现在电脑屏幕上。

迈克尔·法拉第

迈克尔·法拉第于 1791 年出生在英国一个贫苦的铁匠家庭，由于家境贫穷，他没有上学，当过书店学徒，还做过送报、装订等许多工作。13 岁时，他在一家装订厂干活，利用空余时间阅读了许多大学教授送来装订的科学书籍。

他对科学产生了浓厚的兴趣，经常跑去听大学的公开演讲，并进入皇家研究所当实验室助手。在实验室里，他勤奋地做了许多科学实验，后来当选皇家学会会员，并成为皇家研究所的一名化学教授。

法拉第最喜欢做有关电的实验。他认为电和磁之间存在着必然联系，并据此揭示了发电机的基本原理，即利用磁场可以产生电流。

在此之前，人们都认为电是非常神秘的现象，而法拉第却发现电是一种可以利用的力量。法拉第因提出了著名的电磁感应定律获得英国女王颁发的皇家勋章，并成为了当时世界上最伟大的物理学家。

有一天，英国财务部长来到法拉第的实验室。

"你研究的电到底有什么用呢？"财务部长问。他完全没有预想到日后电给人们的生活带来了多么巨大的改变。

法拉第回答说："您等着吧！总有一天，电也可以收税，为国家财政做贡献！"

法拉第还进行了许多科学演讲。他用浅显易懂的语言，向大众传授科学知识。每年圣诞节，他还会为孩子们特别准备有趣的科学演讲。他的圣诞节演讲举世闻名，影响十分深远。直到今天，英国著名的科学家们还保持着圣诞节为孩子们带来精彩讲座的传统。

全息图像助手：法拉第博士

"孩子们，你们好！"

"您好！"

"有什么需要我帮忙的吗？"

"让我们看看什么是电吧！"贤洙气鼓鼓地说。

"贤洙好像不高兴了？"

贤洙鼓着腮帮子不说话，敏姬代他回答说："贤洙做不好电路实验，正生闷气呢！"

"别担心，我慢慢教你，你一定能学会。"

敏姬一下子就喜欢上了和蔼可亲的法拉第博士。

"博士，虽然您只是全息图像，您就把我们当成孙子、孙女，好好教我们关于电的全部知识吧！"

"关于电的全部知识？从什么地方开始说好呢？我们一起来看看历史上的画面，进行虚拟科学实验吧！"

听了法拉第博士的话，贤洙才算消了消气，催促起来："知道了，您快教我电路知识吧！"

"别着急，贤洙。要想理解电路，首先要知道什么是电。"

"谁不知道电呢？我也知道。您是不是太小看我了？"

急性子的贤洙冲着法拉第博士抬高了声音。

敏姬忙说:"贤洙,别这样,我们要向法拉第博士学东西,首先态度要谦虚嘛!你知道'电'这个词是怎么来的吗?"

"唔,这个嘛……"

贤洙答不上来。好像记得是西方人创造的,又像是中国人给起的。

"我不知道。你知道吗?"

"我也不知道,所以我们需要法拉第博士的帮助。"

"好吧!从现在开始我不自作聪明了,博士让我干什么,我就干什么!"

贤洙决定听敏姬的。这不仅仅是因为敏姬说得没错,还因为贤洙心里很佩服她。不管敏姬说什么,他都心服口服。

静静地听着他俩对话的法拉第博士微笑着说:"孩子们,我们先来看看'电'这个词是什么意思。我们戴上'虚拟现实眼镜',到电的世界畅游一番!"

贤洙和敏姬戴上电脑上配备的虚拟现实眼镜,打开镜框上的开关,眼前顿时出现了一片明媚阳光照耀下的碧绿原野。

"电"字的由来

"也就是说,在英语里,电就是琥珀的意思。那我们为什么把它叫做'电'呢?"

敏姬和贤洙显得迷惑不解。

虚拟现实画面瞬间变为教室,法拉第博士在黑板上写下了"电"字。

"电是自然现象,在古代人们是通过闪电发现它的存在的。'电'字包含着'非常快'的意思,英文是'electricity',但汉字其实更能表达它的本意。"

"是谁翻译得这么好呀?"敏姬问。

法拉第博士微笑着说:"我们到18世纪的日本看看怎么样?"

他话音刚落,画面就变成了一个港口,一些日本人和西方人正在交换着什么。

"他们在那儿干什么呢?"贤洙问。

"那些日本人是翻译官。他们正在出钱购买西方的科学书籍,以便以后把它们翻译成日语。"

"啊!这么说,是日本人把西方科学书籍里出现的'electricity'这个词翻译成'电'的?"

"对!我们使用汉字来表达的许多科学用语,都是当时日本学者翻译的。他们不仅仅传达语音,还最大限度地突出了其中的含义。"

电的历史

在法拉第博士的耐心说明下,敏姬和贤洙明白了"电"的含义和来历,好奇心更加强烈了。

"博士,是谁第一个制造出电来的呢?"贤洙问。

"电并不是谁制造或发明出来的,而是自然界里存在的一种现象,后来被人们发现。"

"啊!是这样。那么,泰勒斯是第一个发现电的人吗?"

"是的。电的现象是泰勒斯发现的,但当时他并不明白为什么会发生这种现象。200多年前,人们开始制造会发电的装置,并发现了电与磁之间的联系。直到这时,我们才真正明白电的本质到底是什么。此后,各种电器相继问世,为我们的生活提供了许多便利。"

"等一下,那电的本质到底是什么呢?"贤洙问。

"看来贤洙听得很仔细呀!电的本质是一种叫做'电子'的微粒的快速移动。电子所具有的电荷是发生电现象的原因。"

"真复杂呀!电、电子、电荷,听上去像是一群姓'电'的兄弟。"

"还有呢!电压、电源、电阻……'电'家的兄弟可多了。它们都和电有关,所以名称里都带着'电'字。你继续跟着我学习,以后慢慢都会接触到。"

一听到"学习"两个字,贤洙吓了一跳:"谁说我要继续跟着您学习了?"

"一口吃不成大胖子,我们每天学一点,我会让你成为电博士的。"

"我不要,我才不想成为电博士呢!"

"成了电博士,在学校里就能出色地完成电的实验,以后成为工学博士,发明像全息图像这么棒的东西……"

听到这里,贤洙有点心动了。因为他的爸爸就是一名工学博士。

"那好吧！每天学一课，我们约好了。"

"不用约，你在电脑上设置好闹钟，每天一到时间就能见到我了，我们每天学一课有关电的知识。"

"好吧！待会儿我在电脑上输入闹钟命令，咱们明天开始学习。敏姬也可以参加吗？"

"当然可以，两个人一起学习、互相帮助，多好。"

"贤洙，你怎么也不问问我，就自作主张了呢？也好，我就跟你一起学吧！正好也能监视你是不是在好好学习。"

"什么，监视？你是不是怕我借口学习，去干别的事儿？"

"不是的，我是怕你和法拉第博士相处得不好……"

"不管怎样，从明天开始，咱们一起学习吧！现在我和你，还有法拉第博士，要天天见面了。"

贤洙露出一副无奈的表情，心里却暗自高兴，因为每天能和敏姬、法拉第一起学习了。想到这里，法拉第博士也突然变得可爱起来了，毕竟这个机会是他创造的。

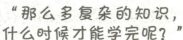

"那么多复杂的知识，什么时候才能学完呢？"

公元 2022 年 5 月 3 日，星期二

构成世界的粒子，动起来吧！

今天在学校上课的时候，贤洙一直不停地看手表，盼望着下午和敏姬一起学习的时间快快到来。但敏姬不知道在想些什么，对着掌上电脑（PDA）说了几句话。如今掌上电脑已经有了语音输入功能，只要对着屏幕说话，内容就会被自动保存为文件。

放学后，敏姬和贤洙坐上了开往贤洙家的移动座舱。移动座舱是具备自动漂浮功能的小型车辆，沿着固定的轨道运行，不需要驾驶员。孩子们坐上去后，只要输入目的地，移动座舱就会把他们带到想去的地方。

"敏姬，你这一天对着掌上电脑都在忙什么呢？"

"嗯，我有一些问题想问法拉第博士，提前把它们都记录下来了。我要从我最好奇的问题问起。"

"是吗？你要问什么呢？"

"第一个问题是：古代的人们为什么没有用电？第二个问题是：电是怎么产生的？"

"古代的人不会用电，那是因为他们无知呗！"

"你也真是的，哪有这样回答的？我们快去见法拉第博士吧！要不然，我老得听你说这些没用的废话。"

一到贤洙家，两人就带上虚拟现实眼镜，见到了法拉第博士。

"今天是我们学习的第一天。你们在学校有没有认真听课啊？"

"我一直期待着和您见面，都不知道这一天是怎么过来的。法拉第博士，您快回答我的问题吧！"

敏姬还没来得及向法拉第博士问好，就迫不及待地提出了自己的问题。

法拉第博士呵呵一笑。

"古代的人不用电，是因为他们不知道电是如何产生的，又该怎么样控制。直到19世纪，人们才学会从金属中获得电，并掌握用电的方法。"

"原来是这样。那么,电是怎么产生的呢?"

"我们就把第二个问题作为今天的学习主题吧!准备好了吗?现在开始上课了。"

今天的学习正式开始了。

原子与电子

虚拟现实画面上出现了茂盛的树叶。

"你们点击一下画面下方的按键图标。"

那是画面扩大指令。贤洙轻轻一点,画面就变大了,一片放大的叶子清晰地出现在眼前。

"现在你们看到的画面是刚才的 10 倍那么大。每点击一次按键,都会扩大 10 倍,我们能够看到许多平时肉眼看不到的东西。"

敏姬和贤洙连续点了几下扩大按键,树叶在眼前变得越来越大,可以看到构成树叶的细胞和细胞中的 DNA。过了一会儿,乒乓球大小的圆形颗粒密密麻麻地出现在画面上。

继续扩大其中的一个颗粒,他们看见画面中间是几个紧挨在一起的小圆球,周围分布着许多小点。

"博士,DNA 我是知道的,这又是什么东西呢?"

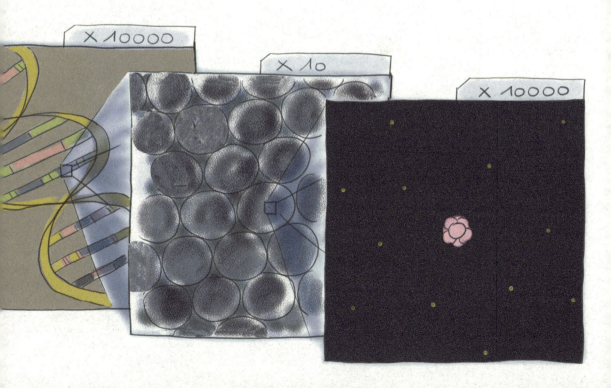

"这是原子。原子是构成物质的最小单位,也就是说,所有物质都是由原子构成的。原子又是由中心的原子核和一些微小的电子构成的,电现象的产生,就是由于电子的缘故。"

"电子是产生电现象的原因?看上去这么小!"

贤洙大吃一惊。将物体扩大100亿倍才能看到原子,电子则比原子还要小得多。

法拉第博士接着说:"原子核位于原子的中心,周围分布着电子。我们把原子核扩大,能够看到中子和质子。也就是说,原子核是由中子和质子这两种性质不同的粒子结合而成的。如果把原子比作一个足球场的话,原子核就像是场上的一只蚂蚁,电子则比原子核还要小。"

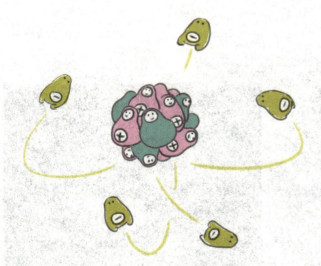

原子就像一只排球。
一只空心的排球。
中央漂浮着比一颗沙子还要小得多的原子核。
电子沿着排球的表面做高速运动。
原子是一个空心的球体。

电子的运动

"博士,电子为什么会围绕着原子核快速运动呢?"

听到贤洙的提问,法拉第博士高兴地拍了一下双手,说:"贤洙这个问题问得好!要想学好科学知识,就要像贤洙一样善于开动脑筋提问题。你们都知道地球绕着太阳旋转吧?"

"当然!这个谁不知道?"

贤洙和敏姬异口同声地答道。

"那你们知道这是为什么吗?"

"……"

"那是因为万有引力的作用。地球与太阳之间的万有引力提供了地球围绕太阳旋转的向心力。电子围绕着原子核运动也是同样道理。电子和原子核之间有一种力量在发挥作用,这叫做静电力。"

"静电力和万有引力不一样吗?"贤洙越来越好奇了。

"当然不一样。刚才我们说过，原子核是由中子和质子构成的，中子不带电荷，质子和电子的电性正好相反，质子带有正电荷（+），电子带有负电荷（-）。静电力是带有电荷的两种物体之间的相互作用力，而万有引力是有质量的物体之间的相互吸引力。"

"距离越近，静电力越强。距离原子核较近的电子受到较强的静电力，距离原子核较远的电子受到较弱的静电力。"

"如果受到外力冲击，静电力较弱的电子就会从原子中逃逸出去，这叫做自由电子。"

"也就是说，容易从原子中逃逸的电子是距离原子核较远的。"

"对！在外部力量的作用下，电子从原子里逃逸出去，向一个方向移动，就像多米诺现象一样，这就产生了电。"

"您的意思是，电就是电子的定向移动。"

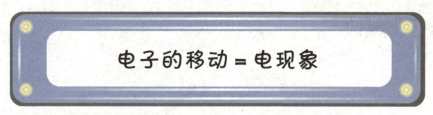

电子的移动 = 电现象

贤洙好像有些不耐烦了，用一句话对今天学习的内容做出了总结，关上了电脑。

"你干吗？我们还没跟法拉第博士说再见呢！你怎么了？"

"我累了，再学下去，我的脑袋都要爆炸了。今天就学到这里，我们玩会儿吧！"

虽然敏姬很佩服贤洙能够整理出"电子的移动 = 电现象"，对今天学习的内容做了一个很好的总结，但却对他不由分说地关闭电脑、中断学习的举动有些不满，气呼呼地自己一个人回家去了。

敏姬走后，贤洙犹豫了一下，要不要追上去呢？不过想到明天还能见面，他停住了脚步。

明天，敏姬还会不会来呢？

公元 2022 年 5 月 4 日，星期三

使劲摩擦，电，你快来！

今天在学校里，敏姬一句话也没跟贤洙说。看来她对贤洙昨天的行为确实很生气。贤洙不由地也恼火起来，这么点小事，女孩子怎么就这么爱生气呢？

放学后，敏姬对贤洙说自己感冒了，今天不参加学习，说完就走了。贤洙回到家，一打开电脑，法拉第博士就出现了。

"都是因为您，我和敏姬闹别扭了。都怪您，让我们学习电的知识，要不然我们怎么会吵架呢！"

"这怎么能怪我呢？再说了，你昨天怎么话都不说，直接关电脑？害得我程序出错，忙活了好一阵子。"

"我不管，今天我不想学习了。"

"贤洙，我觉得敏姬生气，不单单是因为你突然关电脑,她想和你一起学习,但是你态度不认真,她这才生气的吧?如果你好好学习,敏姬不就高兴了吗?"

法拉第博士的话听上去确实有道理。贤洙决定端正态度,认真学习,明天遇到敏姬,再把今天学习的内容告诉她。

电的种类

法拉第博士开始讲课了。

"我们已经说过了,电是由原子中电子的运动产生的。电子的运动会产生两种电,你猜猜分别是什么?"

"电子带负电荷(-),质子带正电荷(+),电子能够运动,质子不会运动。"

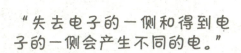

"失去电子的一侧和得到电子的一侧会产生不同的电。"

"敏姬不在，贤洙反而好像更努力了。好样的！得到电子的一侧产生的是负电（-），失去电子的一侧带正电（+）。如果电子不运动，就不会产生电，这种状态叫做电中性。"

法拉第博士手一指，可视画面中出现了一块黑板。

> 电中性：电子的个数＝质子的个数
> 正电（+）：电子的个数＜质子的个数
> 负电（-）：电子的个数＞质子的个数

"你想想，如果两个带正电（+）的物体相互接近，会怎么样呢？"法拉第博士问。

"那它们一定会亲密地在一起吧？就像脾气相投的两个人成为好朋友一样。"

"哈哈，不对哦！它们会相互排斥。两个电性相反的物体倒是会相互吸引。"

"不会吧？我不相信，您得证明给我看。"

"你看这个。"

"把两个气球悬挂起来,用毛皮分别摩擦几下后,看看它们有什么反应。"

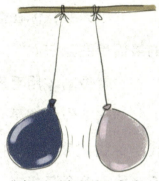

"怎么样?气球发生相互排斥反应了吧?"

"还真是!那您怎么知道两个气球带有相同性质的电呢?"贤洙问。

"两个气球都是用毛皮摩擦过的,用同样的方法使它们带电,自然会产生相同性质的电。电有正电(+)和负电(-)之分,同种电互相排斥,异种电相互吸引。"

摩擦生电

敏姬和我之间是存在着同种电,还是异种电呢?我们性别不同,看来是异种电吧……

贤洙正在胡思乱想,突然听到法拉第博士的声音:"这就是摩擦生电现象。"

"什么？摩擦？我和敏姬之间有什么摩擦？"

法拉第博士轻轻打了一下贤洙的头，不过因为他是全息图像里的人物，所以贤洙一点也不觉得疼。

"小鬼头，你在想什么呢？我说的是摩擦是制造电的最简单的方法。"

"就像刚才用毛皮去摩擦气球那样吗？"

"这下你总算是回过神来了。对，就是那样。昨天我给你讲过泰勒斯的故事吧？他用琥珀去摩擦猫的皮毛，发现毛会竖起来。"

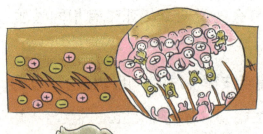

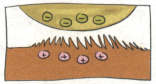

"琥珀和皮毛带有相反的电，两者相互吸引，所以猫毛才会竖起来。"

"用琥珀去摩擦猫身上的皮毛，皮毛的电子就移动到琥珀里，使皮毛带上正电(＋)，琥珀带上负电(－)。"

"当两个物体相互摩擦时,自由电子就会发生移动,使物体带上正电(+)或负电(-),这就叫摩擦生电,是制造电的最简单的方法。冬天我们脱衣服的时候常常能看到静电,就是摩擦生电的现象。"

"静电"的"静"字是"静止不动"的意思,所以"静电"指的就是处于静止状态的电荷。

自然中的静电——闪电

暴风雨来临时,积雨云中含有大量小水珠和冰粒。在风的作用下,小水珠和冰粒相互摩擦,使水带上负电荷(-),冰带上正电荷(+)。由于水比冰重,所以降到云层下方,冰则上升到云层上方。于是,云层上部带有正电荷(+),云层下部带有负电荷(-),并与地面的正电荷彼此相吸,产生明亮的闪光,这就是闪电。

公元 2022 年 5 月 5 日，星期四

流动吧，电！

  贤洙完全想不起来昨天和法拉第博士的学习是怎么结束的了。他记得法拉第博士跟他讲了摩擦生电和静电，后来自己是什么时候睡着的呢？直到妈妈叫吃饭，他才醒过来，发现博士早已消失不见了。不，应该说是全息图像程序自动关闭了。用户在一定时间内没有反应，程序将会自动停止。所以，还是两个人一起学习好，一个人听课，要回答所有的问题，神经一直紧绷着，一会儿就觉得头疼，不知怎么就睡着了。

  到了学校，贤洙正想把昨天学习的内容告诉敏姬，敏姬先跑过来对他说："贤洙，你不觉得有点奇怪吗？"

"嗯？怎么了？"

"现在我们用的电基本上都是通过电线传过来的，静电却是摩擦就会产生的，那么，静电是怎么跑到电线里去的呢？"

咦？敏姬怎么知道贤洙和法拉第博士学习的内容呢？

回到家后，趁着敏姬上卫生间的工夫，贤洙忙问法拉第博士："博士，敏姬怎么知道我们昨天上了什么课？"

"我还是第一次看到有人睁着眼睛还能睡着的。你好一会儿没出声，我仔细一看，你半眯着眼睛睡着了。后来敏姬叫我了，还问我你是不是还在生气。"

"什么？那你有没有告诉敏姬，我上课上到一半就睡着了的事？"

"怎么会呢？我跟她说，你的学习结束了。敏姬缠着我教教她，所以我把相同的内容跟她讲了一遍。以后你们俩可不要再闹别扭了，你们吵架，可把我给累坏了，这就叫'城门失火，殃及池鱼'。"

正说着，敏姬走进了房间。

"博士，快开始学习吧！您收到我刚才发的邮件了吧？我们现在用的电和静电是一回事吗？"

"什么？还能给博士发邮件？"

"你连这个都不知道？"

化学的力量

"敏姬问了一个很重要的问题。我们日常生活中使用的电叫做'流电'，也就是流动的电。昨天我们曾经说过，静电是静止不动的电。静电是人们早就熟悉的现象。用琥珀摩擦毛皮、冬天脱衣服，都能观察到静电现象。但静电产生后会马上消失。要在房间里开电灯、使机器转动，需要让电持续流动起来，这是静电所办不到的。"

"那么我们平时使用的电，也就是流电，是怎么产生的呢？"

"呵呵！跟敏姬一起学习，你就来劲了，都会提问题了。别着急，先戴上虚拟现实眼镜。我来向你们介绍两个人：伽伐尼博士和伏特博士。他们和我差不多生活在同一时期，距今约200年。我和伏特博士还见过面呢！他亲切地和我探讨了关于电的知识。"

贤洙和敏姬戴上了虚拟现实眼镜。

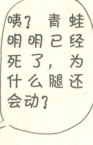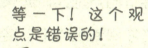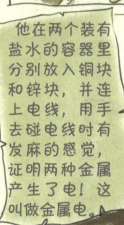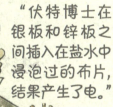

"博士,把金属那样连接起来,为什么就会产生电呢?"

法拉第博士好像没听见贤洙的提问似的,用做梦般的声音喃喃自语道:"那时候我过得多么幸福啊!夜以继日地做实验、获得新的发现,每一天都是那么充实和快乐……"

"博士!!!"

贤洙和敏姬异口同声地大叫起来。

法拉第博士这才回到现实中。接着,他教给孩子们一个新名词——离子。离子就是指原子由于自身或外界的作用而失去或得到一个或几个电子,使其带有正电荷(+)或负电荷(-)的稳定结构。金属放入液体中后,原子就会失去或得到电子,成为离子。

在伏特电堆中,金属原子成为离子,释放出的电子通过电线移动,于是就产生了电。

磁铁的力量

"博士,现在我们家里使用的电都是这样制造出来的吗?"

这次,敏姬发问了。

"嗯,这个问题嘛……"

法拉第博士有点迟疑了。

"怎么了？还有您不知道的问题吗？"

"贤洙，你对博士太不礼貌了。博士，您怎么了？程序出什么问题了吗？"

"不是，要回答敏姬的问题，就要讲到关于我的故事了，我有点不好意思。"

"这么说，您就是制造出电的人？"

"贤洙，我已经说过了，电并不是谁制造出来的，我只不过是找到了产生电的方法而已。"

敏姬觉得这个时候的法拉第博士特别可爱。如果换了是她获得如此伟大的成就，早就到处吹牛去了，博士还害羞呢！他真是太谦虚了。

贤洙和敏姬催着法拉第博士快点说，博士这才讲述起自己做过的实验和当时的想法来。

"其实我的想法很简单：利用磁铁可以产生电。之所以产生这样的想法，是受到了丹麦科学家奥斯特的启发。"

"我是奥斯特，我正在用伏特电堆做实验。我把指南针放在电线下面，当电通过时，我发现指针转动起来。于是我得出了一个结论：有电通过的电线周围具有和磁铁相同的性质。"

"听到这个消息后,我就想,如果反过来,让磁铁在电线的周围转动,那会怎么样呢?当然,这里的电线指的是没有连接电池的电线。实验结果表明,这样会产生电。"

"将电线缠绕成线圈模样,在线圈中迅速插入磁铁再拔出,电线上有电通过。"

"当时人们还不知道电子的存在,无法解释为什么这样做会产生电。但既然能产生电,也就能制造出发电机。"

"发电机?"

"对!发电机就是制造电的机械设备。我是用U型磁铁和铜制的圆棒制造出发电机的。将铜棒放置在马蹄形磁铁的中间,并连接一个摇柄,转动摇柄使铜棒旋转起来时,就产生了持续的电。这个实验可把我的助手爱迪生累坏了,因为要想有电,就必须不断地摇动手柄。"

"别提了,一整天都在摇手柄,我的胳膊都快断了。"

法拉第博士好像回到了 200 多年前的实验室里。

"博士,今天的发电机也是这样的吗?靠人不停地转动?"

"这个方法怎么能产生大量的电呢?我们平时所用的电是发电站供给的,水力发电站、火力发电站,还有近年来越来越普遍的风力发电站等等。发电站里当然有发电机,涡轮机带有螺旋桨一样的翅膀,能够转动发电机里的磁铁。火力发电站借助蒸汽的力量来推动涡轮机,水力发电站则是利用了水的力量。"

"不管怎么说,发电机是法拉第博士发明的吧?"

"多亏了博士,我们才能用上电,您真了不起!"

听了贤洙和敏姬的赞叹,法拉第博士脸都红了,连句道别的话的都没说就消失了。据书上记载,法拉第博士又谦虚又亲切,全息图像程序里的博士也是这样讨人喜欢。

第 2 章
叮叮当当——制作电路

- 姓名：金敏姬
- 年龄：12岁
- 性别：小淑女
- 身高：142CM
- 体重：想知道的话就跟我来
- 特长：巧妙回答贤洙的古怪问题

公元 2022 年 5 月 6 日，星期五

电流呀，
流动起来吧！
电压呀，出来吧！

在"20世纪学校"里，最受学生欢迎的科目是汉语。可别以为汉语课就是背诵汉字，老师经常会教一些有关四字成语的故事和历史故事等，可有意思了。汉语老师说，多认汉字，能够帮助理解科学课上学到的深奥用语。今天的汉语课上，黑板上赫然写着几个以"电"开头的词语。

电　电流　电压　电力

"这些词语都是和'电'有关的，谁能说说'电'这个字的意思？"

贤洙冲敏姬一笑,把手举得高高的。老师让他站起来发言。贤洙把从法拉第博士那里学到的关于电这个字的由来和科学意义有条有理地讲述了一遍。

"贤洙对电懂得的还真不少啊!那后面几个词呢?"

贤洙和敏姬都还没有学过电压、电力。汉语老师给大家布置了作业,回去学习,下节课发言。

电子的移动:电流

"法拉第博士!告诉我什么是电流,什么是电压!"

法拉第博士的全息图像还没有出现,贤洙就迫不及待地问道。

"你别这么着急呀,看到博士再说吧!"

敏姬责怪地瞟了他一眼,把虚拟现实眼镜递给他。

"哦,对了!得先戴上眼镜。"

贤洙赶紧把眼镜戴上,敏姬也做好了迎接法拉第博士的准备。

但他们发现法拉第博士并没有出现,自己却置身于一条巨大管道的内部。

两人吓了一跳,赶紧闭上眼睛,但什么事都没有发生。当然了,这不是实际情况,是全息图像。

"孩子们,吓坏了吧?透过虚拟现实眼镜看到的一切是不是很有真实感?"

法拉第博士出现了,笑吟吟地问。

"您这是在捉弄我们吗?吓死人了!"

"哈哈哈!对不起。刚才贤洙不是说想知道什么是电流吗?我就让你们亲身体验了一回。"

"什么?刚才那些圆圆的东西就是电流吗?"

"那些是电子。自由电子有规则的定向运动就形成了电流。"

"那您的意思是,电就是电流?"

"敏姬真聪明！"

法拉第博士称赞了敏姬一句，继续解释说："电和电流这两个词，通常是通用的。比如，'有电通过'也可以说成'有电流通过'"。

"电线里有许多自由电子。没有连接电池的时候，自由电子的移动是杂乱无章的。电子向一个方向运动才会形成电流，无规则的移动是不会产生电流的。"

"现在我们连接电池。怎么样？电线中的电子马上开始朝一个方向移动了吧？电子的定向运动就是电流。电池的作用，就是使电线中的电子发生定向运动。"

"也就是说，电流是电子的流动产生的。"

"不是胡乱流动，是定向流动。"

法拉第博士接着介绍电子的运动方向问题。

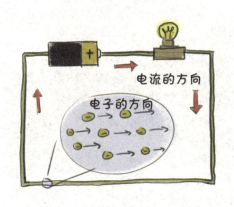

"电子是从干电池的负极（-）出发，进入正极（+）的。电池就像一个水泵，不断地将电子从负极（-）压出来，向正极（+）输送。但伽伐尼博士和伏特博士发现电流时，并不知道是电子的移动产生了电流，所以将电流规定为电子从电池的正极（+）出发，进入负极（-）。"

"怎么能这样呢？当时不知道，那后来发现了电子的移动原理以后，就应当改过来才对呀！"贤洙气鼓鼓地说。科学应该是正确的，怎么能明知有错就是不改呢？

"但当时，在'电流是电子从正极（+）流向负极（-）'这一前提下，科学家们提出了许多理论和法则，建立了一整套体系，如果把这个前提进行更改，会造成极大的混乱，所以就一直沿用下来了。与其推翻一切、形成混乱，还不如继续使用已经形成的定律。但要牢记一点：电流的方向实际上与电子移动的方向正好相反。"

"唉，怪不得电的知识这么难学呢！"

"哈哈！贤洙这么说也有一定的道理。"

"科学家已经这么规定了，你再发牢骚也没有用。要是觉得不服气，那你怎么不先来发现这些定律呢！"

"我说什么了？你就这么打击我？就不能对我宽容一点嘛！"

"哈哈！以前一直没注意，你生气的样子很可爱哦！"

敏姬虽然嘴上不饶人，心里却觉得贤洙很可爱。其实她很愿意和贤洙一起学习。

"现在我们来学习电流的强度吧！"法拉第博士故意不理会他们的斗嘴。

"电流的强度？嗯，既然电流就是电子的移动，那么电子移动得越多，电流就越强呗！"敏姬说。

"对！安培（A）是电流的国际单位，1安培就是1秒钟时间内6250000000000000000个电子通过电线时的电流强度。"

6250000000000000000个电子！这个数字大得都不知道该怎么念。一看到数字，贤洙就开始头疼起来。

敏姬却在认真地计算着什么。

"那如果1秒钟时间内2倍数量的电子通过电线的话,电流强度就是2安培。"

1安培　　　　　　　　　　2安培

"正确!敏姬真不像是个小学生,倒是个天才呢!"

"博士,您别夸我了。那怎么做才能让电线里有更强的电流通过呢?"

"这都不知道?在学校里做实验的时候,连接两个干电池,电灯不就更亮了吗?所以多连接几个电池,电流就会更强呗!"贤洙很有把握地说。

"难道电流是在电池中产生的吗?多连接电池,电流为什么就会加强呢?"

面对敏姬的反问,贤洙无言以对。电流是电子的运动产生的,那电池是产生电子的地方吗?

"博士……"贤洙望着法拉第博士,发出了求救(SOS)信号。

"敏姬,要想得到强电流,需要提高电压。现在我们来讲一讲电压。电压与电流有着密不可分的关系。"

使电子流动的力量：电压

"想象一下，我们把水倒进这条管道里，水会怎么样呢？"

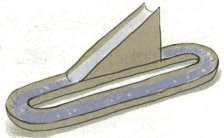

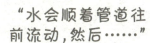"水会顺着管道往前流动，然后……"

"然后碰到坡面就停住呗！因为水只能从高处往低处流，不能从低处往高处流。"

"说得不错。那如果想让管道里的水流向坡面，该怎么办呢？"法拉第博士问。

"唔！摇一摇管道？"贤洙说。

"哪有这样的方法？能不能试试用水泵把低处的水向上提，就像人工瀑布一样？"敏姬试探着说。

"对！敏姬真聪明。"

"这条管道就好比是一个电路，水是电流，水泵就是电压。所以说，电压就是使电流流动起来的力量。"

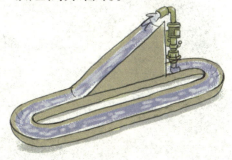

"这么说,如果没有电压,就不会有电流?"贤洙问。

"当然。如果不是水泵不断地将水往上提,管道里的水就不会流动。没有电压,也就不会产生电流。所以说,电压就是使电子运动、产生电流的力量。"

"那么,是不是电压越高,电流就越强呢?"敏姬也抛出了一个问题。

"你们看,这两条管道里的水哪个会流得更急?"

"当然是左边那个。"

"对,从高处落下的水会流得更急。"

"要将水提到更高的地方,水泵的力量就要更大。也就是说,水泵的力量越大,水流就越急。电流也是如此,电压越大,电流就越强。"

"这么说，我们在学校里做电路实验的时候，是利用干电池来产生电压的。如果把干电池撤掉，就不会有电流了。"

"对，现在你学会举一反三了。除了干电池以外，家里使用的电其实指的也是电压。"

"那么，我们每月要交的电费其实是电压的费用？"

"哈哈哈！贤洙，你的话太有意思了！准确地说，电费就是利用电压启动电器所花费的费用。上次我不是和你们说过发电机吗？其实发电机里产生的不是电，而是电压。有了电压，就有了电流。所以严格来说，从发电站输送到我们每个家庭的是电压而不是电。产生电流的力量来自发电站。"

"那么家用电器上标注的'220伏特'指的就是电压了？"敏姬忽闪着大眼睛问。

贤洙只顾着看敏姬眨眼的表情，法拉第博士的话一句也没听进去。

"对，你说得非常正确。我们使用的电池上通常标有'1.5伏特'，家用电器上也会标注'220伏特'等字样，指的都是电压。'伏特（V）'就是电压单位。伏特单位前面的数字越大，说明电压越大。这个单位是为了纪念发现电池原理的科学家伏特而命名的。咦？贤洙在想些什么呢？该不会又睁着眼睛打瞌睡了吧？"

"瞌睡？谁说的，我只是在想东西。"贤洙回过神来，连忙争辩。

"又在胡思乱想了吧？"敏姬嘲笑他。

贤洙心想：唉，以后再也不能开小差了。学习的时候要是我再开小差，我就不叫崔贤洙！

贤洙向法拉第博士提出了一个问题。

"博士，家里的冰箱、电脑等电器都在220伏特的电压工作，可是我的MP3播放器使用的是1.5伏特的干电池。为什么不同的电器要使用不同的电压呢？"

"看来贤洙还真没有打瞌睡呀！这个问题，你只要好好想想电压是什么就能理解了。"

"电压不就是产生电流的力量吗？电压越大，电流就越强……"

"对呀！这就是说，有些电器需要较高的电压，产生较强的电流，才能正常启动。"敏姬抢着说。

"对！你们俩齐心合力，再难的问题也能找到答案。"

听到法拉第博士的称赞，敏姬望着贤洙笑了。

贤洙心里也特别高兴。和敏姬一起学习真是开心！

"每一种电器都有固定的电压，这是制造的时候设计好的。你们想想，如果家里的电饭锅没有连接220伏特电压，而是连在110伏特的电压上，会怎么样呢？估计煮一次饭需要5个多小时吧！那如果连在超过220伏特的电压上，又会有什么后果呢？"

"那饭会熟得更快呗！"

"哈哈哈！不对，这样电饭锅就该坏了。超过额定电压的话，电饭锅里的零部件都无法承受过强的电流，会被烧毁的。"

法拉第博士给贤洙和敏姬布置了一个作业：好好整理今天学习的内容。贤洙心里直犯嘀咕，连全息图像都像老师一样要布置作业！但其实每天学习结束后，他都会自觉地总结和复习。

电压是使电流流动的力量，电流表示电子通过的数量。

高电压产生强电流，高个子要吃大碗面！

公元 2022 年 5 月 9 日，星期一

力量的源泉：干电池

贤洙的头号宝贝是一部古董数码相机。他喜欢用相机观察周围有趣的事物并拍照记录。这种古董相机现在已经买不到了，所以显得越发珍贵。

但是今天，贤洙并没有用相机来拍照，而是来回摆弄，一会儿把相机里的干电池取出来，一会儿又装回去。

正在这时，敏姬来到贤洙家。

"你在干吗呢？要解剖相机吗？"

"不是，我想起了上节课法拉第博士所说的话。我想试试，如果只装一个电池，相机还能不能启动，结果发现不行。"

"那是当然。数码相机等产品总是需要一定的电压的。既然配了两个干电池，就得把两个都装进去。时间久了，

电池用完了，还得换新的。"

"用完了？什么东西用完了？"

制造电压的小容器：干电池

"法拉第博士，快帮帮我！"

伴随着敏姬急促的呼唤，法拉第博士出现在虚拟现实画面中。

"怎么了？我们可爱的小姑娘为什么这么着急？"

"我要问个问题。干电池用的时间久了，不就没电了吗？这到底是为什么呢？不是说干电池是产生电压的吗？电压是会用完的吗？"

贤洙走进了房间。

"金敏姬，你怎么一个人开始学习了！得等我一起呀！"

敏姬赶紧冲法拉第博士使了个眼色，意思是让他对刚才两人的谈话保密。法拉第博士向她微笑了一下，让她放心。

"贤洙没来，我们当然没法上课了。好了，现在开始吧！今天我们学习干电池的知识。"

"干电池？我正想问问关于数码相机的问题呢……"

法拉第博士好像没听见他的话似地说："星期五我们学习电压的时候说过，干电池是产生电压的，对吗？"

"是啊！连接干电池，有了电压，电路上才会有电流通过，电灯才会亮。对了博士，刚才敏姬说干电池也会损耗、用完，这到底指的是什么东西用完了呢？"贤洙问。

"别着急，我们先来看看，为什么连接干电池，就会有电流通过。"

说着，法拉第博士拿出了一个干电池。

"干电池突出的一端是正极（+），扁平的一端是负极（-）。所有的电池都有正极（+）和负极（-）。干电池是从伏特电池发展而来的。我们现在把干电池切开看看。"

"干电池的正极（+）是用碳棒制成的，负极（-）则由锌筒构成。干电池里面还填充着一种叫做氯化铵的化学物质。锌和氯化铵发生反应释放出电子，电子顺着电线向碳棒方向移动，就产生了电流。"

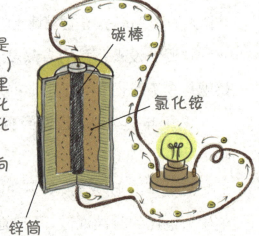

"那就是说，化学反应全部完成后，锌筒再也无法释放出电子，也就没有了电流。"

"那么，干电池的作用相当于一个释放电子的水泵。放不出电子来，干电池也就用完了，不会有电流通过。是这样吗？"

贤洙和敏姬每人做了一句总结。

法拉第博士露出满意的笑容："你们俩说得都对。干电池用完了，就不会继续产生电流了。"

"对了博士，我的相机电池不是用完就扔的，充上电还能继续再用。普通电池却不是这样。电池是分好几种吗？"

一说到关于数码相机的问题，贤洙就两眼发光。因为数码相机是他的一号宝贝，关于相机的一切问题对他来说都很重要。

敏姬喜欢看到贤洙这副专心的样子。平时他显得冒失而散漫，但只要是他真正感兴趣的东西，就会变得格外认真专注，就像换了个人似的。

"贤洙提到一个很好的问题。电池分为两种：用完就废弃的电池和能够反复充电的电池。"

"原来电池也分好几种。"

"用完就废弃的电池叫一次性电池。学校里做实验用的干电池、汞电池等都是一次性电池。汞电池就是在干电池上用汞取代碳棒,工作原理和我们刚才所说的干电池一样。充电电池也叫二次电池,我们的手机、数码相机、摄像机、MP3播放器等使用的都是充电电池。"

法拉第博士话音未落,贤洙又问了个问题:"博士,我还有个问题。我试过把干电池装进数码相机的时候,如果装反了,相机就无法启动,这是为什么呢?"

"一说到关于数码相机的问题,贤洙就特别用心啊,说不定以后会成为相机博士的。现在我们来看看怎样连接电池,才会产生电流。"

"数码相机嘛……"

"我还有个问题……那又是为什么呢?我想知道关于数码相机的一切!"

电池的连接

虚拟现实画面中出现了两节 1.5 伏特的干电池、几根电线和一个小灯泡。

"孩子们,用这些东西做一个电路吧!想办法让灯泡亮起来。"

敏姬和贤洙分别在虚拟现实画面中连接起电路来。

完成电路连接后一试,贤洙的电路中灯泡不亮,敏姬连接的电路中灯泡却亮了。

"咦！为什么我的电路中灯泡不会亮呢？"

法拉第博士开始解说："连接电池的方法大致可以分为两种。"

"一种是像敏姬的第一个电路那样，把一个电池的正极（+）和另一个电池的负极（-）相连接，这叫'串联'，就是把元件逐个顺次连接起来组成的电路。"

"在贤洙的第一个电路中，虽然两个电池也是依次连接的，但正极（+）连接正极（+），所以灯泡不亮。"

"也就是说，用串联的方法连接干电池，必须是正极（+）连接负极（-）。"

"敏姬的第二个电路中，正极（+）接正极（+），负极（-）接负极（-），这种连接方法叫'并联'，就是两个元件的头和头相连、尾和尾相连。正极（+）与正极（+）、负极（-）与负极（-）相连后，再连上电线和灯泡，所以灯泡也会亮。"

"在贤洙的第二个电路中，虽然也是同极相连，但却是串联的方法。灯泡两侧连接的都是正极（+），所以灯泡不亮。"

"您的意思是说，并联就是两个电池的同极连接在一起。"

"哎呀！怎么这么复杂？随便连接上就好了嘛！一会儿串联，一会儿并联，麻烦死了！"

听完法拉第博士的说明,敏姬直点头,贤洙却咕哝起来。其实他也理解了法拉第博士的话,博士总是能把复杂的道理解释得浅显易懂。

他只是不明白为什么要用好几种办法来连接电池,所以才嘀咕的。在他看来,科学家们总喜欢把什么事情都弄得特别复杂,他们就是有这种奇怪的兴趣爱好。

法拉第博士好像看出了他的心思,呵呵一笑,说:"贤洙啊!科学家并不是故意弄得这么复杂的,其实他们比谁都更喜欢简单的东西。他们总是从简单的事物出发,扩展到复杂的领域。还有,科学家们总是有着很强烈的好奇心。他们用各种方法试验电池的连接,观察什么情况下灯泡会亮、什么情况下灯泡不亮,才找出了并联和串联的规律。在这个过程中,他们还有一个惊人的发现。"

"我是哥白尼。在我生活的时代,人们都认为地球是宇宙的中心。但我认为地球是围绕着太阳旋转的。为什么会有这个想法呢?地球位于宇宙中心、太阳绕着地球旋转的'天动说'(又称'地心说')会使解释星星的运动变得很复杂。我喜欢简单的东西。"

"什么发现呢?"敏姬追问道。

"我们再来看看敏姬连接的两个电路。都是用两个电池来设计的电路,但灯泡的亮度显然不一样,串联电路上的灯泡比并联电路上的灯泡更亮。为什么会这样呢?"

"说得不错。也就是说,用串联的方法连接电池,电压会更高。"

"同样是两个电池构成的电路,根据连接方法的不同,电压也不同。"

"为什么会这样呢?"

贤洙渐渐也被这个话题吸引住了,刚才的不满全都变成了好奇心。

法拉第博士用一个水桶进行了说明。

"在一个水桶里装满水,下端打一个洞,会怎么样?"

"水会往外漏呗!"

"那如果把3个水桶叠起来,再打一个洞呢?"

"还是会漏水呀!"贤洙想当然地说。

"没错,但是从3个叠起来的水桶那里喷出的水柱会比一个水桶的水柱更猛,因为上面加了很多水,挤压的力量更大了。串联的方法就好比是把几个水桶叠起来,电压会更强,电流更大,灯泡也就更亮。"

"把水桶叠起来,水柱会喷射得更猛。"

"用串联的方法把3个1.5伏特的干电池连接起来,1.5乘以3等于4.5,总电压就变成了4.5伏特。"

"那么,并联的连接方法呢?"

博士还没说完,贤洙又发问了。

"串联好比将几个水桶向上叠在一起,那并联是把几个水桶一字排开吗?"

敏姬小心翼翼地说出了自己的想法。

法拉第博士说:"敏姬又说对了。水的高度越高,流出的水柱就越猛。如果把几个水桶向旁边呈一条线排列起来,水的高度和一个水桶时并没有发生改变,所以流出的水柱也和从一个桶里流出的水柱一样大。用并联的方法连接几个电池,就好比把几个水桶一字排开,灯泡的亮度和连接一个电池时的灯泡亮度相同,但能够使用更长的时间。"

"向两旁连接再多的水桶,水柱的大小也和一个水桶的水柱一样。同样道理,用并联的方法连接再多的电池,总电压也还是1.5伏特,等于一个电池的电压。"

"也就是说，用串联的方法连接几个电池，电压增大，电流增强；用并联的方法连接多个电池，电压和一个电池时相同，电流也不变。"

"但串联的电池容易损耗，并联的电池可以使用更长的时间。"

敏姬和贤洙又开始你一句我一句地整理起学习的内容来。

"看来你们都理解了，那我们再来学点更难的吧！不过，用水桶去联想，其实也很简单。"

"将两组叠在一起的电池用并联的方法连接起来，总电压是多少呢？"

"两个1.5伏特的电池分别串联在一起，都变成了3伏特。两个3伏特电池并联后，电压依然是3伏特。"

"用水桶来表示就是这样的。"

"你们太棒了！电路看上去再复杂，也别灰心丧气，一步一步分解就行了。"法拉第博士说。

"现在无论电池怎么连接，都能看懂了。"

总算搞清楚了自己原来一直不明白的电池连接问题，敏姬高兴极了。

"博士，这些连接的方法都用在什么地方呢？"贤洙突然问。

"使用干电池的电器大多是串联的，特别是要用到两节干电池的产品，装电池的时候都是正负极交错的，很显然是串联连接。使用两节干电池，说明该产品的额定电压是3伏特。"

"原来是这样。怪不得把两个电池按照相同方向装进去，遥控器就不管用了呢！那么，使用6个干电池的便携式收录机的额定电压就是1.5伏特乘以6，等于9伏特了。"

"对，每一种电器都有额定电压，将电池串联连接，就能得到合适的电压。"

今天，敏姬和贤洙学到了不少关于电池的知识。以前对电池毫不在意，看来从现在开始，应该注意观察一下了。

公元 2022 年 5 月 10 日，星期二

你照亮了世界！——电灯

敏姬和贤洙所在的"20世纪学校"里，大部分科学课都是以实验和讨论的形式进行的。孩子们做过实验后，整理实验结果，每人提一个问题集体讨论。

科学实验是通过电脑模拟进行的。孩子们每人都有一台电脑，连接着虚拟现实眼镜，戴上眼镜后，眼前就会出现实验用具，一切都像真的一样。他们用这些实验器具进行虚拟实验，得到与实际情况相同的结论。敏姬、贤洙与法拉第博士的相遇，也是在这样的虚拟现实世界里。

但今天的科学课和往常有点不一样。

老师带来了许多真实的实验用品。

"好了!孩子们,今天我们要来做真实的实验。我会给每组同学分发干电池、电线、灯泡,你们要通过实验让灯泡亮起来。"

他们已经做过几次虚拟的电路实验,但今天却是真实实验,孩子们都兴奋极了。

贤洙、敏姬和圭振是一组。平时做模拟实验的时候,每个人都使用自己的电脑,教室里很安静,今天却像开了锅一样。

"老师,再给我一根电线,我要做一个世界上最长的电路。"

"哎呀！这样做不行，得反过来。"

孩子们叽叽喳喳说个不停，老师微笑着看着大家。教室里难得热闹一回，气氛真是不错呀！

"我会让灯泡变得像日光灯一样亮。敏姬，再给我一个干电池。"

贤洙用法拉第博士说过的方法，开始对电池进行串联。

"和博士一起学习还是很有收获的。小灯泡，从现在开始我要叫你日光灯了！你们见过这么亮的小灯泡吗？"

贤洙一边说，一边往电路上增加干电池。每增加一节电池，灯泡都会变得更明亮一些。

"哇，真亮！贤洙，你连接的灯泡是教室里最亮的！"

敏姬也忍不住发出赞叹。这可比模拟实验好玩多了。

听了敏姬的话，贤洙更得意了，继续往电路上加电池。可是，刚加到第5个电池，灯泡突然熄灭了。

"咦！这是怎么回事？"

"灯泡坏了吗？为什么不亮了呢？"

"贤洙，你是不是把电池接反了？"

为了搞清楚灯泡为什么会灭，贤洙、敏姬和圭振仔细地检查了一遍电路，但没有发现问题。就在这时，下课铃响了。

"好了！今天的课就上到这里。下一节课我们要对今天的实验结果进行讨论，每个组都想一个主题吧！"

电的光作用

"博士，干电池连接得太多的话，灯泡就不会亮了吗？"

刚在虚拟现实画面中看到法拉第博士的身影，贤洙就急不可待地问。

"你可真是够心急的，慢慢跟博士说吧！这么没头没脑的，让博士怎么回答呢？"

听了敏姬的责怪，贤洙把今天实验课上发生的事一五一十地告诉了法拉第博士。

"哦！原来是这样，今天在学校里做真实实验了？一定很有趣吧？你刚才说灯泡突然不亮了是吗？我要是马上把答案告诉你们就没意思了，今天我们来学习关于灯泡的知识吧！贤洙一定能自己找到答案的。好了！我们先来见一见发明灯泡的科学家。"

法拉第博士话音刚落，虚拟现实画面中就出现了一间实验室。

这里是爱迪生的研究室。爱迪生研究这项惊人的发明已经有好几年了。他正在制造能够让夜晚变得像白天一样明亮的电灯。

一开始,他用铂制作了灯丝。

可是铂的价格太贵了……

后来他用了价格便宜的镍。

但光线太亮、太刺眼了。

电流通过时还会产生高热。

金属还会发生燃烧。

灯丝会燃烧,是有氧气的缘故。

于是,他在灯丝上罩了一个玻璃球,不让空气进去。

"以上这些都是我的失败之作。但是失败是成功之母!"

"终于找到了合适的材料——竹子!"

他尝试把竹子削得细细的,做成灯丝。

20个小时过去了,灯丝完好无损!

"终于成功了!万岁!竹丝可以做灯丝!"

"我就这样发明了电灯。"

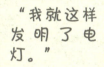

"今天我们使用的电灯是用钨丝来做灯丝的,更明亮,也更持久。"

第2章 叮叮当当——制作电路

"啊！原来发明电灯的人是爱迪生。"

"博士，电流通过金属、竹子的时候，它们会发光吗？"敏姬觉得爱迪生的实验非常神奇。

"能让电流通过的物体叫做导体。电流通过导体时，导体就会发光。有的导体发出明亮的光，比如钨。也有的并不是这样。"法拉第博士说。

"这到底是为什么呢？"

"前面我们说过，电流通过某种物体时，物体中的自由电子就会发生定向移动。在这个过程中，自由电子与构成物体的原子互相碰撞，发出光和热。"

"这些小小的电子本事还真不小呀！能产生电流，还能发光。"贤洙说。

敏姬被他的语气逗得扑哧一声笑了起来。

"可是博士，为什么我制作的电路中灯泡会突然熄灭呢？我的连接方法明明是对的。敏姬，你也看见了吧？我连接得没错吧？"

"是啊！贤洙是用串联的方法把电池连接起来的。一开始灯泡会亮，加了几个电池以后，突然就灭了。"

贤洙和敏姬你一言我一语地把当时的情景复述了一遍。

看到两个孩子又激动又困惑的表情,法拉第博士忍着笑说:"孩子们,为了找出原因,我们首先要了解灯泡的结构。"

"灯泡是由玻璃泡、灯丝、支撑灯丝的支架、连接点构成的。灯丝是弯弯曲曲的线圈,支架的两端分别有一个连接点。"

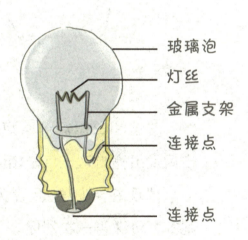

"这些我们在学校里早就学过了。"贤洙嘀咕道。

贤洙性急得很,一有什么疑问,恨不能马上解决,法拉第博士却还在卖关子。

"博士,我们家里用的荧光灯里面也有灯丝吗?荧光灯的形状是细长的,难道里面的灯丝也那么长?"

敏姬像是没听见贤洙的嘀咕，又提了一个新的问题。

"荧光灯里面没有长长的灯丝，只是在电极两侧各装有短灯丝。荧光灯的电极上有电流通过，开始加热时，电子就会跑出来，与荧光灯里填充的汞和氩气体的原子相互撞击而发光，光线又和涂在荧光灯玻璃内侧的荧光物质发生反应，发出明亮的光芒。"

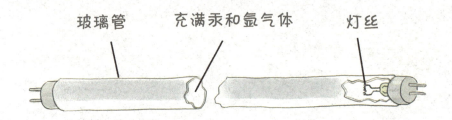

"这和白炽灯泡有点不一样啊！但电子和原子撞击后发出亮光这一点是相同的。"敏姬点了点头说。

"现在可以告诉我为什么电路里的灯泡不亮了吧？"贤洙再一次催促。

"贤洙等得都快不耐烦了。看看这个，你就明白了。"

虚拟现实画面上出现了各种各样的灯泡，上面还写着数字。

"博士，灯泡上写着伏特和安培。"

"对，这表示灯泡所能承受的电压与电流的限制值。如果电压、电流超过这些数字，灯丝就会断裂。"

直到这时，贤洙才恍然大悟。

"看来我把电池连接得太多了，产生的电压高于灯泡所能承受的电压，通过的电流太强，灯丝就断了。"

"对，贤洙终于找到了答案。电压增高，灯泡会变亮，但坚持不了多久就会马上熄灭。过强的电流会使灯丝发生断裂。"

听着贤洙和法拉第博士的对话，敏姬也点点头。

"现在我也明白了，灯泡有固定的电压。"

"对。所有的电器都要在正确的电压下使用，才能安全、持久。"

公元 2022 年 5 月 11 日，星期三

太热了！
——电阻

"今天这节课，我们分组确定主题、进行讨论。"

科学老师说完，孩子们马上分组坐好。上节课进行了电路实验，现在他们要确定感兴趣的主题，并进行集体讨论。

贤洙、敏姬、圭振这一组决定围绕不断增加串联的电池时灯泡为什么会熄灭这个主题开展讨论。当然，贤洙和敏姬已经在法拉第博士的帮助下找到了问题的答案。

"把几个干电池用串联的方法连接起来，电压会增大，电流也会更强。"

"每根灯丝都有能够承受的电流、电压值，如果通过的电流超过这个限值，灯丝就会断。"

敏姬和贤洙对法拉第博士讲的内容进行整理后发了言。他们都觉得自己已经总结得非常完美，没有继续讨论的必要了，但圭振还是一脸迷惑不解的表情。

"我也觉得是灯丝断了。那天做完实验后，我把灯泡带回家仔细观察，发现灯丝确实断了，那电流当然无法通过，灯泡也就不亮了。可是，灯丝到底为什么会断呢？"圭振说。

贤洙和敏姬你看我，我看你，答不上话来。

"唔，至于灯丝为什么会断嘛……"

"为什么呢？"敏姬催促。

贤洙的见解听起来像是那么回事。圭振连连点头，表示同意。

"对，是因为电子。电流增强，说明有更多的电子通过，所以灯丝承受不了。"

"不可能,贤洙,你难道不知道电子有多小吗?把物体放大100亿倍,才能勉强看到电子。"敏姬想起法拉第博士展示给他们看的画面,反驳道。

"可是敏姬,如果电子的数量足够多,贤洙的看法也是可能成立的吧?我记得上次我坐爸爸的车经过一座桥时,看到入口处有一块指示牌,写着多少吨以上的车辆禁止通行,因为车太重的话,桥会塌的。灯丝也是同样的道理吧?"

圭振还是觉得贤洙说得有道理。

"我觉得是灯丝熔化了,所以断开。家里的台灯开久了,也会发烫,小灯泡也是一样。灯泡的灯丝本来就很细,热量过多的时候就会熔化。"

敏姬提出了这个新看法。圭振又点点头,对敏姬的话也表示同意。

"对!上次做实验的时候我摸过灯泡,会发烫。"

"圭振,你一会儿支持这个,一会儿支持那个,到底谁说的话对?"

敏姬和贤洙异口同声地叫起来。

圭振挠挠头说:"吓我一大跳,可是我确实觉得你们俩说的都有道理啊!"

电的热作用

贤洙和敏姬、圭振一起回到家。在学校里讨论不出结果,只能回家求助于法拉第博士了。

圭振和法拉第博士很快亲近起来。法拉第博士很喜欢圭振积极乐观的性格,觉得他以后说不定能成为一个优秀的科学家。

"博士,圭振总是觉得这也对那也对,怎么能成为科学家呢?"贤洙不屑地说。

"贤洙,科学家固然要善于提出自己的主张说服别人,但学会倾听、虚心接受别人的意见也很重要。因为一个人的想法不可能永远是正确的。"

"博士,现在快告诉我们灯丝为什么会断吧!"敏姬催促道。

"归根到底,敏姬的看法是正确的。即使有再多的电子通过,灯丝也不是被电子的重量给压断的。不过贤洙的想法确实很新奇。贤洙以后也会成为优秀科学家的。这些听起来似乎不可思议的新观念、新思想,正是推动科学向前发展的力量。"

虽然自己的想法是不正确的，但听到法拉第博士赞扬他善于思考的精神，贤洙还是很开心。别人老说我异想天开，法拉第博士却看到了我真正的价值。

"那么，电流通过时为什么会发热呢？"

这回是圭振发问。

法拉第博士没有回答，而是用虚拟现实画面展示了一根粗大的铁棒。

"把这根铁棒在地上砸一次和砸几十次，什么情况下铁棒会更热？"

"当然是砸几十次了。砸的次数越多，就会产生越多的热量。就像两只手相互摩擦也会发烫一样。"

贤洙和敏姬被突然出现的大铁棒吓了一跳，圭振却很镇定。

"可是这和电发热有什么关系呢？"

"无论原子还是电子，相互撞击就会因摩擦而生热。我说过，金属导线中有电流通过时，自由电子就会发生定向移动。自由电子与构成导线的原子相互不断碰撞，所以会发热。"

法拉第博士话音刚落，虚拟现实画面就出现了两块钉满钉子的木板和几颗圆珠。

"把珠子从这两块木板上滚下去,哪边的珠子会先到达木板底部呢?"

"当然是钉子比较稀疏的这块木板了。钉子密集的这块,珠子会和钉子发生更多的摩擦,滚落的速度就会减慢。"

"珠子好比是自由电子,钉子好比是原子。导体中的原子分布得是稀疏还是密集,会给自由电子的运动带来什么样的影响呢?对,原子密集时,自由电子就无法随意前进,经常与原子发生碰撞。"

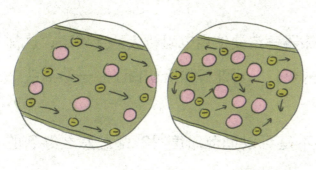

"也就是说,原子密集的时候,电子与原子发生更多的碰撞,产生更多的热。"圭振说。

"导体对电流的阻碍作用就叫'电阻'。电流流动时会发热,正是由于电阻的缘故。"

"世界上存在不存在没有电阻的物质呢?"敏姬问。

"如果有这样的物质该多好。但是,所有的物质都有电阻,只是大小不同而已。制造电线的时候用到的铜等金属的电阻是很小的。电阻大,会产生很多热量,电流会减弱。将电输送到远处的过程中电流减弱了,我们就无法使用了。"

"这么说电阻是不好的了,会使电流减弱、灯丝烧断。"

"贤洙,不能这么说,电熨斗、电火锅、电炉等利用电发热的器具叫电热器,对电热器来说,电阻是必不可少的。"

"那么电热器一定要使用电阻较大的金属了,这样才会产生过多的热。"贤洙好像听明白了,一边点头一边说。

"电熨斗不是可以调节温度吗?那是怎么办到的

呢？"圭振抢着问。

贤洙、敏姬和圭振七嘴八舌，法拉第博士听得直犯晕。

孩子们好像忘记了法拉第博士的存在，开始自己讨论起来了。

法拉第博士欣慰地望着3个孩子。

不过很快，他们讨论的方向变得越来越不对了。这自然是因为贤洙的缘故。这不，他现在振振有词地提出了一个奇怪的理论：遭雷劈还活着的人身体里肯定有很大的电阻。

"暂停一下，孩子们，我们来说说刚才提到的电熨斗调节温度的问题吧！除了电熨斗以外，大部分电热器都是可以调节温度的。这并不是什么难事，只要改变电阻的大小就可以了。"

"改变电阻的大小？"

在法拉第博士的引导下，孩子们又回到了学习的正轨上。

"一般来说，电阻的大小是由导线决定的。导线越粗、长度越短，电阻就越小。你们可以联想一下水管，就很容易明白其中的道理。把通道拓宽、距离变短，就能通过更多的自由电子，电阻自然就越小。"

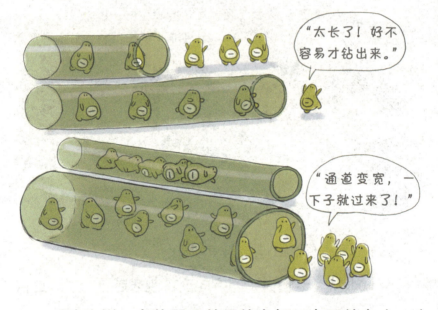

"这么说，电热器里的导线变短，电阻就变小，产生的热也减少；导线变长，电阻就增大，产生的热就多。"

"对。今天的学习到此为止，你们太吵了，我都头晕了，明天见吧！"

法拉第博士说完，马上消失了。

围绕被雷劈后还活着的人的电阻问题，敏姬、贤洙和圭振继续讨论了半天。

公元 2022 年 5 月 12 日，星期四

构建电世界的好帮手——电线

明天，贤洙和敏姬所在的"20 世纪学校"要外出郊游。贤洙、敏姬一见到法拉第博士，就兴奋地说起来。

"博士，明天我们要去游乐园玩，所以不能和博士一起学习了。想念我们也得忍一下哦！"

"博士，到了游乐园，我要好好体验一下电带给我们的乐趣。"

贤洙和敏姬越来越感觉到电的宝贵。游乐园里的娱乐设施几乎都是用电来启动的，如果没有电，那些好玩的项目都无法参加了。发现发电机原理的法拉第博士的形象在他们眼中也变得更加高大了。

"博士生活的年代没有干电池，也没有电灯，怎么进行电的实验呢？"

第2章　叮叮当当——制作电路

"博士,今天给我们讲讲您年轻时候的故事吧!"

敏姬和贤洙缠着法拉第博士讲故事。看来明天郊游的事,已经让他们开心得忘记学习了。

电线

"我做实验的时候遇到的最大难题就是电线。"

法拉第博士沉浸在对往事的回忆之中,眯缝着眼睛开始了讲述。

"电线?电线有什么问题呢?"

"要让电流通过,必须要有电线。电线其实就是传导电流的导线,是电流经过的路。可是我生活的年代并没有今天的电线。"

"这就是你们在学校做实验时使用的电线。里面是由铜制成的线,外面缠着橡胶。有了橡胶的保护,你们就能安全使用电线了。"

"如果没有橡胶,会怎么样呢?"贤洙问。

"昨天咱们不是学习电阻了吗?铜的电阻很小,电流容易通过。你们想想,用手触摸通电的铜线,会发生什么情况?"

"会触电吧?"

"对!这样会很危险,所以电线要用绝缘的橡胶包裹起来。但在我年轻的时候,是没有这种安全的电线的。"

博士说着,摊开手掌让两个孩子看。他的手上,几处烫伤的疤痕还清晰可见。

"这都是电造成的伤口吗?"敏姬吓了一跳。

"是啊!我经常做电的实验,免不了会受伤。后来我用线或布片缠住电线,才安全了一些。线和布片都是不善于传导电流的绝缘体。"

"要想安全地进行关于电的实验,电线还真是很重要呢!"

"当然了!你们使用的电线有好几种,要学会正确使用,要不然,电流跑出来,就会发生触电事故。"

"啊?电线不都是一样的吗?"

"有的电线是由一根铜线组成的,有的电线由好几根铜线组成,外面再包上橡胶或塑料。要想输送更多的电,需要使用较粗、铜线数量较多的电线。"

"电线也有容量。"

博士接着解释说,几个发电站之间输送大量的电时,使用的是 10 根左右电线组成的电缆,其中每根电线都是由好几根铜线组成的。用电量较大的地方,通常也使用这种电缆。

"明天你们去的游乐园,用的也是这样的电缆。要启动那么多游乐设施,需要大量的电。"

"博士,我们家里使用的电线也是这样的吗?"

敏姬和贤洙听得入了迷。

"家里使用的电线英语叫做 cord,是由几根细细的铜线相互绞合而成的,外面包裹着橡胶或塑料等绝缘材料,这样既便于弯曲,又不会轻易折断。"

"看看这个插头,就能找到答案了。插头上有两只脚,一只是电流进入的地方,一只是电流流出的地方。下个星期我们会学到,必须是正极(+)和负极(-)相连,才会有电流通过。插头与墙壁上插座的正极(+)和负极(-)相连,所以家用电器使用的电线总是由两根铜线组成。"

"就是说,两根铜线中的一根和正极(+)相连,另一根和负极(-)相连。"

贤洙和敏姬像是听懂了,连连点头。

"孩子们,祝你们明天郊游愉快,同时好好感受一下电的威力吧!"

第3章
弯弯曲曲，电走过的路

- 型号：人工智能型 H-2014
- 主要功能：向孩子们说明电的原理，赞扬孩子们的奇思妙想，让他们爱上科学
- 注意事项：和孩子们一起学习久了，会不知不觉地产生人类的感情，喜欢上孩子们

公元 2022 年 5 月 16 日，星期一

关门吧，芝麻！
流动吧，电！

下课时，老师说："下个月的科学节，我们要举行电路制作比赛。想参加的同学明天报名。"

贤洙和敏姬所在的"20 世纪学校"经常举办各种节日。科学节、音乐节、美术节、历史节等等，每个月进行一次，为孩子们提供展示各种知识的机会。大家都可以选择自己感兴趣的主题，进行发言或展示。此次科学节的主题是"电"。

"贤洙，你这次要发表什么主题呢？圭振已经定好主题了——'电流通过时产生的热'。"敏姬问。

"我是谁？电博士崔贤洙！法拉第博士的首席大弟子崔贤洙！我当然要去参加电路制作比赛了。我一出马,保证拿回第一名。这么重要的比赛,怎么能少了我呢?"贤洙洋洋得意地说。

"哎哟,你就吹牛吧!那你来解答一下这个问题。你要是答对了,我就承认你是法拉第博士的首席大弟子。"

用一根电线进行连接

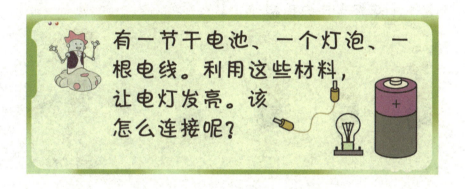

有一节干电池、一个灯泡、一根电线。利用这些材料,让电灯发亮。该怎么连接呢?

敏姬利用虚拟现实画面中的模拟程序,给贤洙出了这么一道题。

贤洙一看题,就叫了起来:"怎么会有这样的题?要连接灯泡和干电池,至少需要两根电线,才能把正极(+)和负极(-)连接起来。你的题出错了吧?"

"哈哈哈!贤洙,看来你是没理解这道题呀!一根电线就能连接。你好好想想上个星期二我们学过的灯泡的结构。"

受到敏姬的启发,贤洙一下子想了起来:"对了,要想让灯泡发光,只要让灯泡的一个连接点接触电池的正极(+)或负极(-),另一个连接点与电线相连就行了。"

贤洙一边责怪自己的健忘,一边飞快地在画面上摆出了4种连接方法。

"灯泡的一个连接点接触电池的正极(+)或负极(-),另一个连接点与电线相连。"

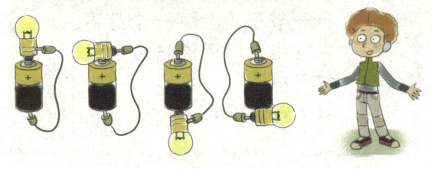

4个电路中的灯泡都亮了起来。

就在这时,法拉第博士突然出现了。

"现在你们开始自己学习了?对电越来越感兴趣了吧?不过,都不叫上我,太不够意思了!"

"不是这样的,贤洙太骄傲了,还说自己是电博士什么的,所以我出了道题考考他。"

敏姬告诉法拉第博士,学校要举行电路制作比赛,贤洙准备去参加。

说完,敏姬又担忧地望着贤洙说:"你能去参加比赛吗?这么简单的问题都答不出来,还怎么拿第一名啊?"

"偶尔一次失败,是兵家常事嘛!博士来给我出一道电路题好了,这次我一定能答对。"

用一根电线进行连接

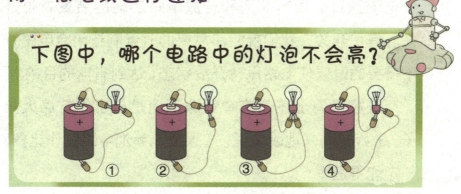

下图中,哪个电路中的灯泡不会亮?

"这还不简单?要想让灯泡发光,电路必须是闭合的,也就是说,电流从正极(+)出发进入负极(-)的过程中,中间不能断开。这4个图的电线连接都没有问题,所以要看看灯泡的连接点。要想形成闭合电路,灯泡的两个连接点必须分别和正、负电极相连。①号电路中,灯泡的同一个连接点与电线相连,③号也是一样,所以①、③号电路是开放电路,②、④号电路才是闭合电路。答案就是:①、③号电路中的灯泡不能发光。"

贤洙一口气说了这么多,法拉第博士和敏姬吃了一惊。他不仅答对了，还给出了正确的说明。

"贤洙的回答非常正确！正如你所说，要形成电流，电路必须是闭合的。如果中间断开，电流就无法通过，这叫开放电路。电路开放时，电线里的自由电子就静止不动，只有电路关闭，自由电子才会形成定向运动，使电流通过。执行关闭和开放电路功能的装置就是开关。有了开关，我们就能在需要的时候制造闭合电路，不需要的时候使电路保持开放状态，达到省电的目的。"

法拉第博士还连连夸贤洙不愧是自己的首席大弟子。敏姬也高兴地跳着说，如果贤洙参加电路制作比赛，一定能得冠军。

可是，贤洙心里却忐忑不安起来。法拉第博士出的题是很基础的，如果比赛时遇到难题，我还能答对吗？敏姬这么支持我，如果拿不到第一名，该多丢人呀！想到这些，那天晚上他愁得连觉都睡不着。

公元 2022 年 5 月 17 日，星期二

电路一目了然
——电路图

为了参加"电路制作比赛"的事，贤洙一夜没睡好，第二天在学校里上课也无法集中精神。去比赛吧，怕得不到第一名；不去比赛吧，又该怎么向敏姬和法拉第博士交代呢？

这时，敏姬跑了过来。

"贤洙，我刚才去报名了。"

"报什么名？"

"电路制作比赛呀，我都替你报好名了！"

贤洙一听，觉得自己背后直冒冷汗。为了不让敏姬察觉自己的紧张，他想硬挤出一个笑容，但却没成功。

"崔贤洙，你老实说，是不是怕拿不了第一名？昨天还一个劲地说大话呢！"

骗得了谁，也骗不过敏姬呀！她早就看出了贤洙的心思。

敏姬咯咯笑着,安慰贤洙说:"贤洙,别担心,离比赛还有一个月呢,我会帮助你的。"

电路符号

"博士,从今天开始,我要当贤洙的培训师,帮助他在这次电路制作比赛中得第一。博士也会帮他的吧?"

法拉第博士的全息图像一出现,敏姬就说。

"呵呵!敏姬真热心。说吧!我该帮些什么忙呢?"

"教我们各种形式的电路。"

要参加比赛的贤洙还没说什么,敏姬和法拉第博士已经开始制定贤洙的学习计划了。两人不知道在说些什么,不时发出阵阵大笑。

贤洙很感激敏姬能把他的事当成自己的事,热情地张罗,心里暗暗想:我一定要拿到第一名,让敏姬好好高兴高兴。

"贤洙,你准备好了吗?我们先从简单的开始吧!来试试这道题。"

右图中的两个电路是相同的吗?

"博士,这也太简单了吧?这两个电路怎么会是一样的呢?一个只有一条电线,另一个有两条电线,当然不一样。"

可是,一旁的敏姬却提出了不同的看法。

"两个电路都是使用一个电池让一个灯泡发光,所以是相同的电路。"

"电路是否相同,如果用符号来表示,就能一目了然。怎么样,这两个电路没什么区别吧?确实是一样的电路。"

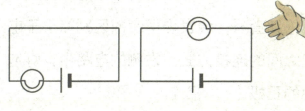

第3章 弯弯曲曲,电走过的路

电路图

"使用各种符号来表示电路的连接方式,就叫电路图,功能就好比地图。在地图上各个地区能够看得一清二楚,电路图也清晰地体现出了电路是怎样连接的。我们在设计新电路的时候,也可以先绘制电路图,然后再按照电路图连接各个元件,这个方法非常简便。"

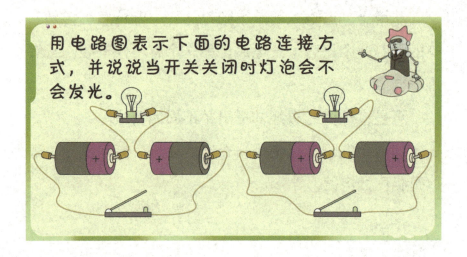

为了弥补刚才的失误,贤洙这回观察得特别仔细。猛一看,两个电路都是由一个灯泡、两个电池、开关和电线组成的,但仔细查看,会发现两者的区别在于干电池的电极和灯泡之间的连接方式。左侧的电路中,灯泡同时与两个电池的正极(+)相连。

"左侧电路里的灯泡不会亮。两个电路用电路图表示的话就是这样的。"

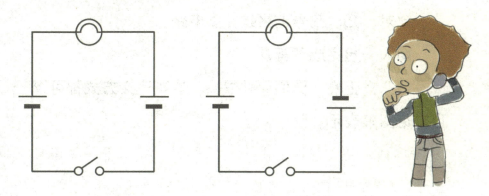

"博士，贤洙答对了吧？"

敏姬就像自己答对了一样高兴。

"很好。这次敏姬也来一起试试吧！"

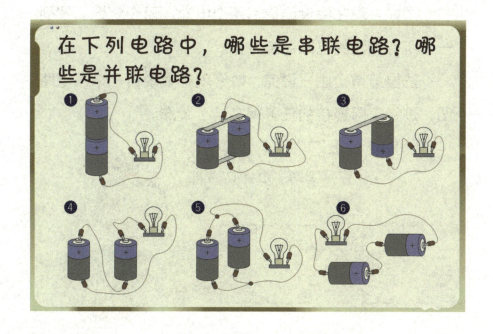

在下列电路中，哪些是串联电路？哪些是并联电路？

敏姬和贤洙不一会儿就找到了答案。

"敏姬，①、③、④、⑥号电路是串联电路吧？"

"对，②、⑤号电路是并联电路。"

两人一起完成了答题。

"非常正确，你们俩都很棒。这些连接方式都可以用电路图来表示。"

"这是串联连接！"
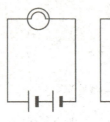
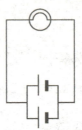

"这是并联连接！"

"好，现在假设给你们两个电池、两个灯泡，罗列一下所有可能的电路连接方式。"

法拉第博士刚一说完，敏姬就抢着说自己来画电路图，进行实际连接的任务就交给了贤洙。

"两个电池串联的情况下，灯泡可以串联，也可以并联。"

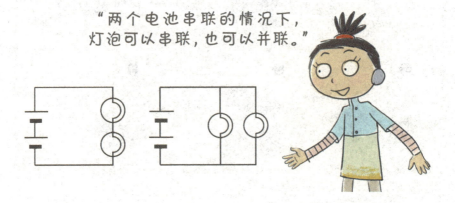

"两个电池并联的情况下,灯泡也可以串联或者并联。"

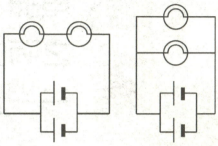

"这是我看着敏姬的电路图连接出来的实际效果。"

敏姬和贤洙互相帮助,解决了这个问题。法拉第博士望着他们俩,脸上露出了满意的笑容。

"你们俩做得都很好,不愧是我的徒弟。能不能两人一组参加电路制作比赛呢?如果你们俩一起参赛,一定稳拿第一。"

贤洙和敏姬相视而笑。

贤洙心想:幸亏和法拉第博士一起学习,不仅学到了许多和电相关的知识,和敏姬的友谊也更加牢固,为了帮助自己参赛,敏姬可真是全力以赴呀!

公元 2022 年 5 月 18 日，星期三
电流、电压、电阻之间的特别关系
——欧姆定律

"叮零零……"

下午 4 点一到，闹钟就响了起来，电脑自动开机了。因为贤洙在电脑上设置了闹钟，4 点是和法拉第博士见面的时间。

"你们好，孩子们！"

"Total Science"科学百科词典程序自动启动，法拉第博士的全息图像出现了。咦？房间里怎么连一个人影都没有？平时两个孩子一定会早早地在这里等候，今天是怎么了？放学晚了吗？大概是在做练习，准备参加电路制作比赛吧？法拉第博士一边等待，一边突然意识到，自己已经喜欢上了贤洙和敏姬。实际生活中的法拉第博士也特别喜欢孩子。他每年为孩子们进行科学演讲，还亲手制作了自行车送给侄子们。

"人工智能是不是出什么问题了？"

法拉第博士自言自语。

近来，法拉第博士越来越喜欢贤洙和敏姬了，简直把他们俩当成了自己的亲孙子、亲孙女。

"没几天时间了，我该怎么对孩子们说呢……"

欧姆定律

就在这时，房门被推开了，贤洙和敏姬跑了进来。

"博士，对不起！我们迟到了。"

"快开始上课吧，博士。"

自从决定参加电路制作比赛后，贤洙变得特别积极。

法拉第博士微笑着说："今天我们要学习一条重要的定律，对理解电路特别有帮助，可以说是电路世界的宪法。先向你们介绍一下欧姆博士。"

"孩子们，你们好！我就是欧姆博士，1789年出生于德国。你们都知道'电阻'是什么了吧？"

"我对电流、电压和电阻之间的关系进行了研究。"

"电压的伏特（V）单位取自伏特博士的名字。电阻的单位则和我有关，叫'欧姆'，符号用Ω来表示。"

"欧姆，真是奇怪的名字呀！"贤洙说。

法拉第博士说："科学家规定，当导体两端的电压为1伏特（V），通过的电流是1安培（A）时，它的电阻就是1欧姆（Ω）。你们想想，如果一个电路的电压为1伏特（V），通过2安培（A）电流时，它的电阻会是多少呢？"

贤洙挠挠头。

敏姬说："电阻是阻碍电流通过的，电压相同，电流从1安培（A）增加到2安培（A）时，电流增加了1倍，说明电阻减少了一半,所以这个电路的电阻是0.5欧姆(Ω)。"

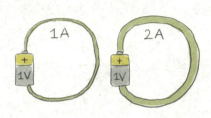

"对,敏姬说得没错,要让更多的电流通过,必须减少电阻。那么,如果电阻为1欧姆(Ω)的电线上有2伏特(V)电压,电流又是多少呢?"

敏姬刚想回答,贤洙抢着说:"这我也知道!电阻1欧姆(Ω)、电压为1伏特(V)时,通过的电流是1安培(A),那么当电压变为2伏特(V)时,电流当然是2安培(A)了。因为电压是使电流流动的力量,电压增加了1倍,所以电流也增加了1倍。"

"这下贤洙也明白了。我再来出一道题:电压为2伏特(V)、电流为1安培(A)时,电阻是多少呢?"

"唔,刚才说电阻1欧姆(Ω)、电压2伏特(V)时,电流是2安培(A),现在电压一样,还是2伏特(V),电流减少到一半,变成1安培(A),说明电阻增加了1倍,那就是2欧姆(Ω)了!"

"非常正确。欧姆定律就是体现电压、电流和电阻之间的关系的,能不能用一个数学公式来表示呢?"

"电流、电压和电阻之间的关系是这样的。"

1. 电压增大，电流增大。
2. 电阻增大，电流减小。

电流 = 电压/电阻

"对，这就是欧姆定律。英文字母 I 表示电流，U 表示电压，R 表示电阻，所以公式就是 $I=\dfrac{U}{R}$。"

贤洙开始在心里默记敏姬写下的公式。突然，他有了一个发现。

"博士，电流和电阻相乘不就等于电压吗？电压和电流之比就是电阻。"

"对。现在我们来解答一道题，你们会对它们之间的关系理解得更透彻一些。"

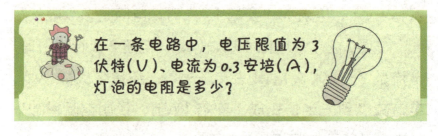

在一条电路中，电压限值为3伏特（V）、电流为0.3安培（A），灯泡的电阻是多少？

"灯泡的灯丝是电阻体，电阻值是固定不变的，3伏特（V）的电压上通过了0.3安培（A）的电流。"

在敏姬的解说下，贤洙开始运用欧姆定律解答灯泡的电阻值。

"电阻等于电压与电流之比，用公式表示就是电阻 = $\dfrac{电压}{电流}$，即 $\dfrac{3V}{0.3A}$ =10Ω。"

贤洙答对了，两人都特别高兴，因为又学到了一个新的原理，明白了电压、电阻和电流之间不是孤立的，而是有联系的。

法拉第博士又出了一道题。

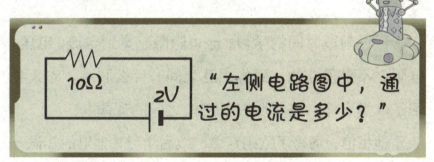

"左侧电路图中，通过的电流是多少？"

敏姬和贤洙根据欧姆定律开始计算。

$$I = \dfrac{U}{R} = \dfrac{2V}{10\Omega} = 0.2A$$

最后，法拉第博士补充说：无论对于多么复杂的电路，欧姆定律都是成立的。通过欧姆定律来计算电流、电压或电阻，是理解电路最好的方法。

公元 2022 年 5 月 19 日，星期四

灯泡的连接

　　今天一整天，贤洙的心情都非常愉快。因为昨天从法拉第博士那里学到了欧姆定律，这可是其他同学都还没学的。

　　通过前段时间的学习，他也隐隐感觉到电流、电压、电阻并不是孤立的，好像相互之间有什么联系，昨天学习了欧姆定律，终于明白了它们之间的规律。

　　他相信，懂得了欧姆定律，以后学习其他电的知识一定会轻松不少，参加电路制作比赛也一定能取得好成绩。

　　放学了，贤洙找到敏姬，想尽快回家和法拉第博士见面。

"敏姬，快走吧！今天我们又要迟到了。"

"贤洙，刚才法拉第博士给我发了一封邮件，说让我们自己先学习，博士正在接受系统检查。"

敏姬说这只是定期检测，不是什么大问题。但贤洙心里却隐隐有些担心。不知不觉之中，他已经喜欢上了法拉第博士，把他当成自己的爷爷了。

灯泡的串联连接

回到家中，敏姬和贤洙打开虚拟现实画面，上面出现了一个电路图，两个灯泡呈串联连接，旁边是问题。

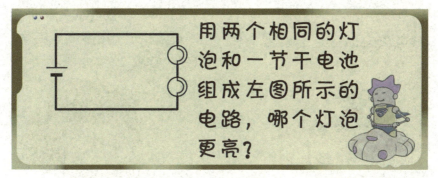

用两个相同的灯泡和一节干电池组成左图所示的电路，哪个灯泡更亮？

"电流通过电线流动，碰到第一个灯泡时损耗了部分电流，剩余电流流向第二个灯泡，直到把剩余的电流都用完。所以两个灯泡的亮度肯定是不一样的。"

贤洙自信十足地说。

但敏姬马上意识到他的看法是错误的。

"电流是电子的运动，中间并不间断，而是像水一样持续向前流动，直到干电池被用完为止。如果电流在中间发生损耗并消失，那就回不到电池的另一极了。所以，在两个灯泡之间流动的电流量是相等的，两个灯泡的亮度也是一样的。"

此时，法拉第博士出现了。

"敏姬对以前学过的知识记得很清楚啊！确实是这样。电流在电路中间不会消失，灯泡是串联连接的，说明电流经过的路只有一条。所以说，相等的电流通过两个灯泡，它们自然是一样亮的。"

"电流流动，灯泡发光，但电流不会消失。"

"水在一个管道中流动，无论在哪个位置，水量都是相同的。同理，在串联电路中，各个电阻上的电流也是相等的。"

接着，博士让他们比较一个灯泡的电路和两个灯泡的电路。

"一个灯泡比两个灯泡更亮！说明在连接两个灯泡的电路上，电流比一个灯泡的电路要小。这是为什么呢？"

"两个电路中干电池都是一个，所以电压是相等的，两个灯泡的电路上电流更小，说明电阻更大。"

"对，昨天学习的欧姆定律就是 $I=\dfrac{U}{R}$。"

贤洙和敏姬你说一句我说一句。

博士说："没错。导体的长度越长，电阻就越大。将两个灯泡串联，相当于导体变长，意味着整个电路的电阻增大。"

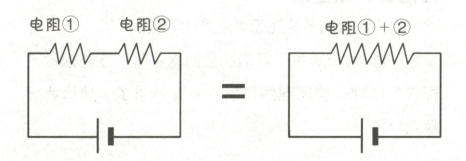

"灯泡串联时,从两个灯泡上通过的电流是相同的,但整个电路的电阻增加了,通过的电流比只有一个灯泡时的电路少,所以灯泡的亮度也更暗。"

敏姬说。

贤洙在旁边连连点头,并开始在虚拟现实画面中用几个灯泡开始连接电路。

"如果把 3 个灯泡串联,然后每次去掉一个灯泡,剩下的灯泡会越来越亮吧?因为电路的总电阻在逐渐减少。"

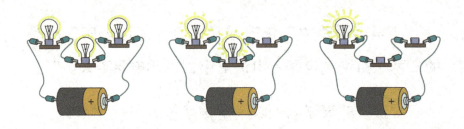

敏姬和法拉第博士不约而同地点点头。现在贤洙真的学会举一反三了。

灯泡的并联连接

大受鼓舞的贤洙还想再继续学下去。

"博士,还有关于灯泡亮度的题目吗?我还想做。懂得了原理,就能理解现象,太有意思了。快给我出题吧!"

"的确是这样的。对艺术作品有了了解,才懂得欣赏;体育运动也要了解比赛规则,看起来才有意思。以前你对科学不感兴趣,也许正是因为不了解科学,也不想去了解。"

"又说到过去的事了。忘掉我的过去吧,我有光明的未来!"

贤洙的话逗得法拉第博士和敏姬哈哈大笑。

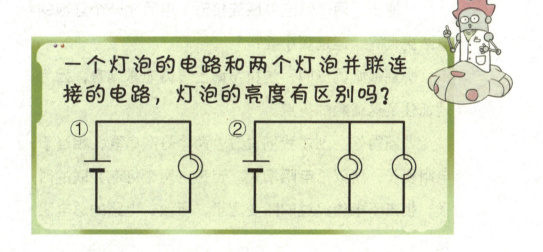

一个灯泡的电路和两个灯泡并联连接的电路,灯泡的亮度有区别吗?

贤洙仔细观察了一下电路图,说:"从一个电池里流出来的电流量是相等的。但在②号电路中,电流分别进入两个灯泡,这两个灯泡上通过的电流自然要比①号电路中的灯泡小,所以,①号电路的灯泡比②号电路的灯泡更亮。当然,②号电路上的两个灯泡亮度相同。"

听了贤洙的说明,敏姬认真地思考起来。

"从电池流出的电流大小和导体的电阻大小是有关系的。导体电阻大，电流就小；导体电阻小，电流就大。那么，这道题的重点在于两个灯泡并联连接时，电路的总电阻是比一个灯泡的电路更大还是更小。我想得对不对，得问问法拉第博士。"

"博士，两个灯泡并联连接时，电阻比一个灯泡的电路更大呢，还是更小呢？"

听到敏姬的提问，法拉第博士显得非常满意，因为她抓住了这道题的重点。

"问得好。刚才我们说过，两个灯泡串联，相当于电阻变长，所以总电阻增大。但是，两个灯泡并联的时候，相当于电流经过的路变宽了，所以，电路的总电阻减小。"

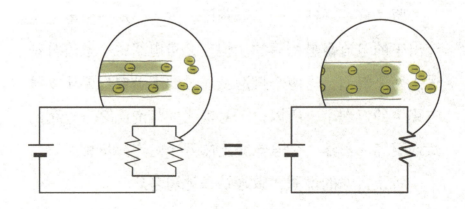

"也就是说，②号电路的总电阻比①号电路小。电压相同，电阻减小，那么电流会增大，所以通过②号电路的电流比通过①号电路的电流更大。"

"啊！我知道了，②号电路的总电阻比①号电路减少了一半，所以电流增强了1倍。敏姬，你真是太聪明了！有你这样的朋友真好。"

法拉第博士和敏姬又被贤洙逗笑了。

"可是，博士，如果电流遇到分岔路电路，会怎么样呢？"

"管道如果一分为二，水流也会分开。同理，在并联电路中，遇到分岔的线路，电流也会分开。此时根据欧姆法则，电阻大的线路上电流较弱，电阻小的线路上电流较强。"

"您的意思是，②号电路的电流是①号电路的2倍，然后一分为二，分别流向两个灯泡，结果和①号电路的电流又变得一样了，所以两个电路上的灯泡亮度也是相同的。对吗，博士？"

博士点点头。

此时，贤洙像是发现新大陆似地叫起来："博士，我怎么看自己都是个天才，我找到了一个节约能源的好办法。您看，像②号电路那样把多个灯泡并联连接，亮度和一个灯泡一样，但却能同时打开好几个灯泡，这多好啊！"

"呵呵！那可不一定。这样做确实可以同时打开多个灯泡，但电池也损耗得更快，因为电池所携带的能量是有限的。"法拉第博士慢悠悠地说。

"能量？这又是什么意思？电池也有能量？"

"当然，电池也有能量。灯泡就是把电池的电能转换成为光能。电池是把化学能转化为电能，电能又通过灯泡转变为光能。把灯泡并联连接起来，就要同时打开好几个灯泡，电池的能量会消耗得很快。"

"对呀！唉，白高兴了一场。"

贤洙被法拉第博士说得泄了气。

过了一会儿,他又开始在虚拟现实画面中制作起电路来。

"将3个灯泡并联连接,每次去掉一个灯泡,剩下的灯泡亮度不变。但灯泡连接得越多,电池消耗得也就越快。"

灯泡与导线的连接

敏姬仔细看了一会儿,说:"这个电路看起来有点奇怪,好像是在刚才两个灯泡并联的图中去掉了一个灯泡似的,变成了一个灯泡和电线并联连接。"

"那很简单，刚才说并联连接时电流会分开流动，在这个图里，电流也会流向灯泡，所以灯泡会发光。"贤洙说。

可是这次敏姬又有不同意见了。

"我不这么认为。电流分开流动时，电阻大的线路上电流小，电阻小的线路上电流大。这道题需要比较灯泡和电线的电阻。"

"电线几乎没有电阻，所以电流会全部流向电线，不流向灯泡，灯泡不会发光。"

看着敏姬和贤洙争论不休，法拉第博士在虚拟现实画面中用灯泡、电池和电线做了实际连接。果然，灯泡没有亮起来。

"看，灯没亮吧？并联连接时，电阻小的线路上会通过大量的电流。"

贤洙这才心服口服地点点头。

"我明白了,刚才是两个灯泡并联连接,所以电流才会分别通过两个灯泡。"

看到贤洙终于搞懂了,法拉第博士非常高兴。孩子们已经学到了许多关于电的知识,明天学习就要结束了。想到就要和贤洙、敏姬说再见了,法拉第博士怅然若失。

公元 2022 年 5 月 20 日，星期五

大电路——布线

"为什么要学这个呢？"

正和贤洙一起学习电路的敏姬突然问道。

"为了在电流制作比赛中拿第一呀！"

贤洙理直气壮。

"我说的不是这个。我不明白的是，我们为什么要在学校里学习电路知识呢？用灯泡和干电池制作的电路，在实际生活中好像并没有什么用处啊！"

"到底为什么要学习电路知识呢？"

敏姬好像怎么也想不明白。

贤洙挠挠头，视线落到电脑上，他突然灵机一动。

"对了，电脑！"

"电脑怎么了？"敏姬问。

"电脑就是个电路啊！打开电源，电流通过，电脑就启动；关上电源，电脑也关闭。所以说，电脑也是个电路。"

家庭布线

"现在贤洙真的成了电博士了！"

法拉第博士出现了。

"除了电脑，你们使用的所有电器里面都有电路。如果电路接得不对，电器就无法启动。现在知道电路有多重要了吧？"

"冰箱、电视里也都有电路吧？"贤洙高兴地说。

"当然。其实我们居住的这座房子也是一个大电路。"

"房子也是电路？"

敏姬和贤洙异口同声地问。

"如果串联连接,电流经过的线路只有一条,万一中间哪个电器出故障,其他电器就都无法使用了,因为电流无法通过。但用并联的方式进行连接,就不用担心这个问题了,因为电流的线路有好多条。"

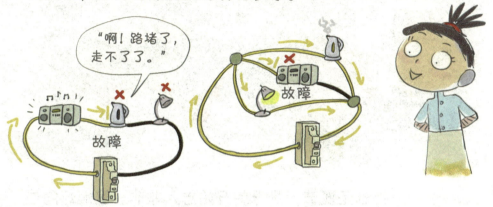

"没错。还有一点就是,进行并联连接,所有电器才会在相同的 220V 电压下工作。"

贤洙又问:"那如果其中一个元件出故障,同一线路上的其他元件也无法工作,这种连接方式就是串联了?"

"对!圣诞树你们一定都很熟悉吧?挂在圣诞树上的装饰彩灯就是串联连接的,如果一个灯泡坏了,其他灯泡也就都不亮了。"

"为什么不并联呢?"

"串联是所有灯泡都连接在同一条电线上,并联是每个灯泡都与不同的电线相连。如果电线多了,圣诞树就显得乱七八糟,不漂亮了。所以通常使用三根铜线的电线,使灯泡交替闪烁。"

"圣诞节快点来吧……"

"小家伙,别胡思乱想了,快学习!"

一提到圣诞节,贤洙就开始想入非非。敏姬却向法拉第博士提了一个新问题。

"博士,有时家里不是会停电吗?去年夏天我们家还经历过一次停电呢!天气那么热,没电真是受罪呀!可是,别人家都没事,就我们家停电。"

"是保险丝断了吧?"

"对,保险丝!当时爸爸换了新的保险丝,就有电了。"

法拉第博士说:"昨天我们说过,电流从并联连接的灯泡上分别流过,最后又汇聚在一起。家电产品分别启动的时候,电流从该产品通过,然后汇聚起来,进入断路器。断路器里面装有保险丝,是有额定电流的,当电流过强时,保险丝就会熔化断裂,家里就停电了。"

虚拟现实画面上出现了断路器和保险丝。

"断路器里面的保险丝和电路是串联连接的。保险丝一断，家里的所有电器就都没有电流通过了。"

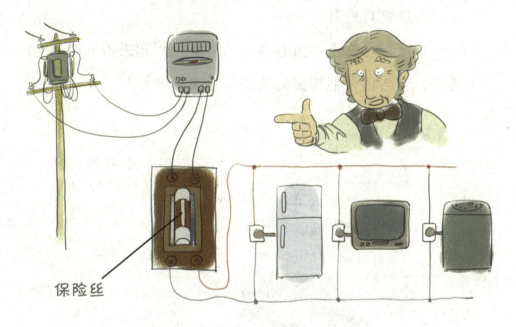

保险丝

"保险丝不仅仅存在于断路器里，所有的电器里都有。如果电流过强，保险丝就会自动断开，保护内部零配件。"

楼梯的照明布线

"电路也不仅仅是家里才有吧？"贤洙说。

"外面也有电路？"敏姬好奇地问。

贤洙得意洋洋地说："楼梯间不也有电灯吗？在一楼打开开关，通往二楼的楼梯上方灯就会亮起来。上了二楼后关上开关，灯就灭了。"

"没错。楼梯的电路是怎么连接的呢？在二楼摁开关，也能把灯打开。"

"所以楼梯上下方各有一个开关，用起来很方便。博士，快告诉我们楼梯的布线是什么样的？"

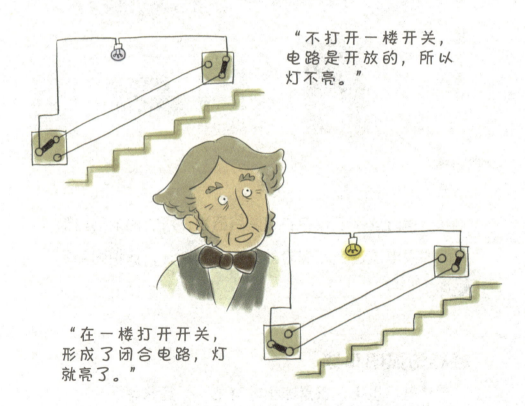

"不打开一楼开关，电路是开放的，所以灯不亮。"

"在一楼打开开关，形成了闭合电路，灯就亮了。"

"在二楼关上开关,重新变成开放电路,灯就灭了。"

法拉第博士展示的楼梯布线看起来是一个非常简单的电路,通过两个开关的关闭,就能达到开灯或关灯的目的。

贤洙和敏姬试着摁了几下开关,体验什么情况下是闭合电路、什么情况下是开放电路。本以为楼梯的电路是很复杂的,原来竟然如此简单。能够运用自己学过的知识分析日常生活中的电路,使他们感到兴奋不已。

阅读家电说明书

"搞懂了布线,对电又有进一步了解了吧?接下来我们学学如何省电。要省电,首先要学会阅读家电产品说明书。"

"电饭锅上贴着一张说明书,上面写着额定电压220V,还有额定功率和额定电流。"

"额定电流指的是通过电饭锅的电流值。额定功率是什么呢?"敏姬问。

贤洙盼望着早点下课。法拉第博士却没有停下来的意思,敏姬也是兴致勃勃。

法拉第博士说:"额定功率是电器正常工作时的功率,其实也就是用电量。把电饭锅的电流5.7A和额定电压220V相乘,得数是多少呢?"

"1254。"

"再看看额定功率,是1250吧?"

"对啊,两个数字很接近。这么说,额定功率等于额定电压乘以额定电流?"

"没错。你们都知道,在电路中,电压和电流都是非常重要的数值。两者相乘等于功率,再乘以使用时间,就是实际用电量。"

"有电压和电流不就行了吗?干吗还要有功率呢?"

"同时连接到220V的电源上，0.2A电流通过电视，1A电流通过电熨斗，哪个产品的用电量更大？"

"电流越大，意味着更多的电子通过。当然是电熨斗了。"

"这回电源的电压不一样了，不太好比较啊！"

"对。那么，如果洗衣机连接在110V的电源上，通过的电流是1.5A，与前面提到的电熨斗相比，哪个产品的用电量更大？"

"所以我们才需要功率。把电压和电流相乘以后再做比较，你会发现还是电熨斗的用电量大。"

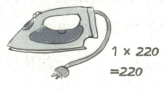

法拉第博士耐心地解释着。

敏姬好像突然想起来了什么，说："说明书上的额定功率数值越大，就说明这个电器的用电量越大，我们要交的电费就越多。"

"对。额定功率的单位是瓦特，用 W 来表示。"

贤洙觉得自己好像在哪里听过这个词。

"瓦特，这个我好像知道。我的音箱上标着额定功率 50W，这个数字越大，音箱的声音就越大，用电量就越多。"

"对！60W 的灯泡也比 30W 的灯泡更亮。"

"这么说，家里的电器功率越大越好。"

"那可不行，用电多，电费就高。一般来说，使用频率高的电器功率较低，不常用的电器功率较高。"

贤洙开始在家里四处翻找起来。

"可不是吗？冰箱整天开着，功率只有 50W。电吹风偶尔才拿出来用一用，功率有 1600W。"

贤洙和敏姬都觉得，现在无论看到什么样的电路和电器，都能明白它的工作原理了。

看到孩子们原先觉得电那么难、那么不好学，现在懂得了许多关于电的知识，对电产生了莫大的兴趣，法拉第博士感到非常欣慰。不过，向孩子们说再见的时刻也到了。

法拉第博士艰难地对他们说:"孩子们,现在我要向你们告别了!"

"您说什么?"

贤洙和敏姬都大吃一惊。

"你们的学习结束了,我的程序也就此终止。不过别担心,以后会出现更新版本的,到时候我们再见面吧!"

想到再也不能跟法拉第博士一起学习了,贤洙和敏姬心里都很难过,可是程序结束了,谁也没有办法。

"博士,谢谢您!教了我们很多知识,我们一辈子都不会忘记您的。"

"博士,程序升级以后,记得要回来哦!到时候我和敏姬还要跟着您学习,您得教我们更多的知识。"

两人依依不舍地向博士道别。

"好!孩子们,以后再见!那我先走了,再见!"

说完最后一句,法拉第博士就从眼前消失了。

升级以后的版本会是什么样的呢?法拉第博士会不会变得更加和蔼可亲呢?

贤洙正在胡思乱想,敏姬轻轻推了他一把,说:"在想什么呢?想念法拉第博士了?也是,想到明天就见不到他了，真是可惜，以前应该更认真地听他讲课才对。"

"是啊是啊！我可想他了，包括他的唠叨，哈哈！"

贤洙说完，撒腿就跑。

"什么？贤洙，你！"

敏姬向他的背影追去。

后记：
电构成的世界

在这本书中，我们学习了关于电的基础知识。在法拉第博士的帮助下，我们收获了很多。不过，这些只是最基本的知识，是进一步学习的基础。

从 19 世纪末开始，人类迈入了电气时代。现在，我们的世界已经离不开电。我们使用的大部分家电产品、电脑、通信工具等，几乎都是 20 世纪的发明。

随着 21 世纪的到来，电在各个领域的应用更加广泛。

在通信领域，随着无线通信技术的发展，一定距离以内的电脑、手机、家电用品等已经实现了无线连接和双向控制。电子工学正推动人类逐步进入"无所不在"（ubiquitous）的时代。Ubiquitous 指的是无论身在何处，都能自由连接无线网络的通信环境。无线网络的普及，将很快变成现实。

电在生物学领域也有巨大贡献。生物体内的各种代谢作用都是通过电信号的传导来完成的。尤其是在人脑研究领域，关于利用电信号的神经传导物质的研究有可能会极大地提高人的智力和能力。

可以预见，在整个21世纪里，电的知识将依然在各个领域发挥重大作用。

从某种意义上来说，我们的世界是由电构成的。希望各位小读者读过这本书后，在书中介绍的知识基础上，进一步培养利用电、支配电的能力与智慧。这样，当你们长大成人以后，就能为这个电构建的世界做出应有的贡献。

북멘토 주제학습초등과학시리즈 -03 패러데이 박사님, 전기가 뭐죠?
Copyright © 2006 by Son Jeong-wu & Clement Poiraud.
All rights reserved.
Original Korean edition was published by 2006 by Son Jeong-wu & Clement Poiraud.
Simplified Chinese Translation Copyright © 2014 by CHEMICAL INDUSTRY PRESS.
Chinese translation rights arranged with 2013 by Son Jeong-wu & Clement Poiraud
through AnyCraft-HUB Corp., Seoul, Korea & Beijing Kareka Consultation Center, Beijing,
China.

本书中文简体字版由 BOOKMENTOR Publishing Co., Ltd. 授权化学工业出版社独家出版发行。
未经许可，不得以任何方式复制或抄袭本书的任何部分，违者必究。

北京市版权局著作权合同登记号：01-2013-5363

图书在版编目（CIP）数据

科学超入门.1：电，法拉第博士，电是什么？/
[韩]孙祯佑著；[韩]可乐梦绘；陈琳，胡利强，许明
月译. —北京：化学工业出版社，2014.8（2025.4重印）
ISBN 978-7-122-21114-9

Ⅰ.①科… Ⅱ.①孙… ②可… ③陈… ④胡… ⑤许…
Ⅲ.①科学知识-青少年读物 ②电学-青少年读物 Ⅳ.
①Z228.2 ②O441.1-49

中国版本图书馆CIP数据核字（2014）第142221号

责任编辑：成荣霞　　　　　　　　　文字编辑：王　琳
责任校对：徐贞珍　　　　　　　　　装帧设计：王晓宇

出版发行：化学工业出版社（北京市东城区青年湖南街13号　邮政编码100011）
印　　装：涿州市般润文化传播有限公司
710mm×1000mm　1/16　印张 9　字数 68.5千字
2025年4月北京第1版第13次印刷

购书咨询：010-64518888　　　　　　　　售后服务：010-64518899
网　　址：http://www.cip.com.cn
凡购买本书，如有缺损质量问题，本社销售中心负责调换。

定　　价：39.80元　　　　　　　　　　　版权所有　违者必究

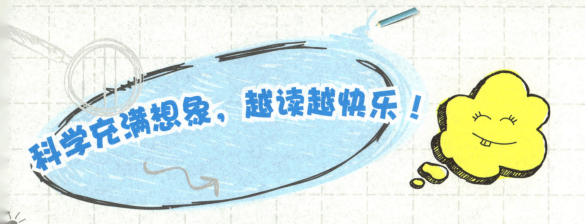

科学充满想象，越读越快乐！

最快乐的科学书 第一辑

最快乐的科学书 第二辑

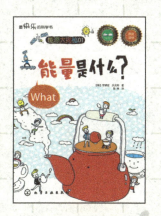
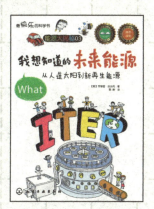